W0329431

DER REICHTUM DER EINFACHEN KÜCHE

Rezepte aus der Schweiz

Es gibt eine Küche, die märchenhaft ist und wenig kostet – außer Zeit und Sorgfalt bei der Zubereitung und Muße beim Genießen. Es gibt eine Küche, die traditionell ist und doch zukunftsweisend. Es gibt eine Küche, die einfach ist und doch reich – an Aromen, an Ideen. Wer sich nach all der Haute und Nouvelle Cuisine nach dieser ursprünglichen Küche sehnt, wer die Gourmandisen unserer Großmütter wiederentdecken will, findet hier phantastische Anregungen. Weil diese Art zu kochen ein Stück Kultur ist, beginnt das Buch mit einem Essay über die Besonderheiten der Landesküche. 160 Rezepte machen Lust zum Ausprobieren: Sie sind leicht nachzukochen, bodenständig, preiswert und am Angebot der Jahreszeiten orientiert. Die einfache Küche verzichtet auf alles Überflüssige und Üppige, auf Sperenzchen und Dekorationen. Prominente Befürworter dieser Küche geben in einem Fragebogen Auskunft über ihre kulinarischen Vorlieben. Stimmungsvolle Photographien, in denen die Atmosphäre eingefangen wird, aus der diese Küchenkultur gewachsen ist, wecken die Lust an der Reinheit der Produkte.

Dr. Eva Gesine Baur hat Germanistik, Kunstgeschichte, Musikwissenschaften und Psychologie studiert und außerdem eine Kochlehre absolviert. Sie arbeitet als Journalistin in vielen Bereichen, schreibt für ›essen & trinken‹ und viele andere Publikumszeitschriften, verfaßt Beiträge fürs Fernsehen sowie Bücher zu kunsthistorischen und psychologischen Themen.

Beat Wüthrich ist seit 1982 Redakteur bei der Schweizer Wochenzeitung ›Die Weltwoche‹ in Zürich und heute Leiter des Ressorts Reisen. Als Journalist und Gastrokritiker verfaßt er Beiträge über Lifestyle, Essen und Trinken, die auch in deutschen und österreichischen Magazinen erscheinen.

DER REICHTUM DER EINFACHEN KÜCHE

Rezepte aus der Schweiz

*Von Eva Gesine Baur
und Beat Wüthrich*

Hallwag Verlag Bern und Stuttgart

In der Reihe ›Der Reichtum der einfachen Küche‹
sind außerdem erschienen:

Rezepte aus Deutschland
Rezepte aus Österreich
Rezepte aus Italien
Rezepte aus Frankreich

Die Originalausgabe ist 1997 im
Deutschen Taschenbuch Verlag GmbH & Co.KG,
München, erschienen.
© 1997 Deutscher Taschenbuch Verlag GmbH & Co. KG,
München

Umschlagbild: ›Schautafel mit Käsestücken und Früchten‹
von Floris Claesz. van Dick (1575–1651)

Lizenzausgabe im Hallwag Verlag
© 1999 Hallwag Verlag
Umschlaggestaltung: Robert Buchmüller
Satz: Rund ums Buch, Rudi Kern, Kirchheim/Teck
Druck und Bindung: Spiegel GmbH, Ulm
ISBN 3-444-10544-4

Hallwag

Inhalt

Anhang

Fünf Prominente haben für dieses Buch einen kulinarischen Fragebogen beantwortet:

Aus Abgründen des Röstigrabens auf Alpenhöhen am Suufsunntig

Warum die einfache Schweizer Küche so schwierig zu verstehen ist

Ob ein Fremder die Schweiz versteht, zeigt sich nicht daran, ob er das berüchtigte Wort Chuchichäschtli aussprechen kann. Erstens stehen einem Küchenschränke selten im Weg bei der Verständigung, und zweitens können die Schweizer aus dem Tessin, zum Beispiel, das auch nicht. Ob ein Fremder die Schweiz versteht, zeigt sich darin, daß er weiß, was der Röstigraben ist.

Nicht etwa ein ausgebuddelter Bereich hinterm Haus, in dem Reste des allseits bekannten Kartoffelgerichts entsorgt werden, sondern etwas wirklich Einschneidendes: Der Röstigraben zieht sich, unsichtbar und doch unübersehbar, unüberhörbar und unüberschmeckbar durch die Schweiz. Er trennt die Deutschschweiz von der Welschschweiz. Und er trennt angeblich zwei grundverschiedene Lebenskulturen.

Fremde fragen sich: Braucht die Schweiz denn so eine Schneise? Kann es denn auf so wenig Platz überhaupt so gravierende Unterschiede geben in den Eßgewohnheiten der Leute hüben und drüben?

Es kann nicht nur, es muß.

Wenn besonders kleine Menschen eine besonders große Karriere machen, reden die Psychologen von Kompensation. So etwas gibt es auch bei Ländern, wie die Schweiz zeigt. Die Schweiz ist nach wie vor gut bei Kasse. Und Onassis wie Niarchos haben es genauso vorgeführt wie heute Kashoggi oder der Sultan von Brunai, daß Geld deutlich größer wirken läßt.

Aber die Schweiz hat da noch ganz andere Methoden: Vier Sprachräume zu haben, nämlich den deutschen, den rätoromanischen, den französischen und den italienischen – also das suggeriert doch schon enorm viel Raum. Noch mächtiger aber wirkt die Schweiz durch die Vielfalt – an Landschaften und Dialekten, an Architekturstilen und Traditionen. Und eben auch an kulinarischen Spezialitäten.

Alice Vollenweider, die große helvetische Gastrosophin, entdeckte das gemeinsame Vielfache der Schweizer Bundesbürger gerade in den Schüsseln und Kochtöpfen. Nicht in denen der Reichen, wohlgemerkt. Sondern dort, wo zwei, oft drei kohlehydratlastige Speisen kombiniert werden, ohne teure tierische Proteine. Was nichts für Leute sei, »die ihr Steak am liebsten mit Salat verzehren«, meint Alice Vollenweider. »Das ist die Kochkunst der armen Leute, die vor allem Hunger stillen muß, aber auf Phantasie nicht verzichtet und die billigen und nahrhaften Grundnahrungsmittel miteinander kombiniert.«[1]

Alice Vollenweiders Zugang zur Küche, sagen viele, sei sentimental.

Auf alle Fälle ist er sympathisch: Die begnadete Kochbuchautorin und Küchenkundlerin, die ihre Doktorarbeit darüber schrieb, wie sich der Einfluß der italienischen Küche auf die französische in der Sprache niedergeschlagen habe, suchte diesen Zugang nie durch den Eingang für die besseren Herrschaften. Sondern immer durch Hintertüren und Gartentüren, Bauernhaustüren und die Türen der Almhütten. Denn sie suchte nicht nach Gerichten, die folkloristisch wirken und touristisch funktionieren, sie suchte vielmehr nach den authentischen, einfachen. Nicht in den üblichen Kochbüchern findet man solche Rezepte, sondern, wie Alice Vollenweider verriet, »in den Bauernfamilien aller Landesteile und, wenn man's wissenschaftlich mag, im ersten Band des ›Atlas der schweizerischen Volkskunde‹ auf den beiden Karten ›Frühstücksspeisen‹ und ›Freitagsspeisen‹.«[2]

Wenn man's wissenschaftlich mag, muß man das allerdings teuer bezahlen: 1050 Schweizer Franken kostet besagter Atlas. Leute, die über den Reichtum der armen Küche verfügen, können sich für diese Summe ein Vierteljahr lang ernähren. Fragt sich also: Warum wird dieses Wissen mehr oder weniger weggesperrt?

Besonders kleingewachsene Menschen, denen daran liegt, groß zu wirken, geben ungern Schwächen zu. Und der als reich beleumundeten Schweiz ist es offenbar gar nicht recht, daß andere Leute erfahren, wie arm es hier auch zugehen kann. Deswegen wird der Atlas nur noch ins Nachbarland Österreich ausgeliefert, von dem man sich wohl eine Art alpenbündlerische Verschwiegenheit erwartet.

Die Vorsichtsmaßnahme erweist sich natürlich insofern als berechtigt, als es gerade deutsche und englische Autoren sind, Historiker, Wirtschaftswissenschaftler wie Soziologen, die bereitwillig ausplaudern, was so gar nicht in das gern verschickte bunte Bild von der seit jeher pumperlgesunden und reichen Schweiz paßt; daß dort nämlich »zahlreiche Familien unter dem Existenzminimum lebten (...), daß im 17. und 18. Jahrhundert das Verhältnis der unterstützten Familien zum Beispiel in Zürich zu den ökonomisch selbständigen 1:5 stand«. So schreibt zumindest der Engländer Henry Kamen in seinem Buch über das »Iron Century« und dessen ausgedehnte Folgen.[3] Und er hat noch viele andere unliebsame Beispiele in seiner historischen Pandora-Büchse: In Genf kostete im Januar 1630 ein Pfund Brot (und zwei Pfund waren das Minimum, wenn man vor allem davon lebte) fünf sols. Ein Seidenarbeiter aber bekam nur 2 sols pro Tag.[4] Im späten 18. und frühen 19. Jahrhundert herrschte in den ländlichen Gegenden der Schweiz bittere Armut. Dann aber kam ein Aufschwung, den Reisende dankbar registrierten und lauthals verbreiteten. Die erste Ausgabe des Baedecker von 1844 lobte schon, »daß die Schweiz zweifellos die besten Hotels der Welt besitzt (...), nur selten findet man ein schlechtes Gasthaus.«

Und auch heute ist die Armut, die der Schweiz wie allen Nachbarländern zu schaffen macht, offiziell kein Gesprächsthema. Der Schweizer Autor Peter Bichsel allerdings schrieb in seinem Aufsatz über ›Des Schweizers Schweiz‹: »Armut ist hier eine Schande; man gibt sie zumindest nicht zu (...)«.[5] Und er hat sich mit der spezifisch schweizerischen Variante des Arm-Reich-Kontrastes schon vor Jahren auseinandergesetzt. In dem Essay ›Und ab und zu ein bißchen erster

Mai‹ schreibt er: »Das liberale Versprechen, daß jeder das Recht habe, ein Reicher zu werden, hat ihn (den Arbeiter) erreicht. Und daß er an den Wohltaten des Reichtums riechen durfte, ist zwar der Erfolg der Arbeiterbewegung, aber er ist nicht ihr, sondern den Reichen dafür dankbar. Denn der Wohlstand – so glaubt er – kommt von den Reichen. Es ist der Bewegung nicht gelungen, sichtbar zu machen, daß der Reichtum der Reichen von den Armen kommt.«

Die Schweizer Küche könnte jedem Reichen diese Einsicht durchaus schmackhaft machen. Abgesehen vom Zürcher Geschnetzelten (und selbst das war früher billiger, als es noch mit Kalbsleber angereichert wurde) sind fast alle Gerichte, die typisch schweizerisch sind oder als solche gelten, nicht den Reichen zu verdanken, sondern Bauern, Kleinbürgern, Arbeitern und Sennen mit wenig Geld und Auswahl, aber ganz beachtlichem Einfallsreichtum. Und von eben dem berichtet das weggeschlossene Konvolut, dieser ominöse ›Atlas der schweizerischen Volkskunde‹. Er verrät köstliche Billiggerichte aus dem ganzen kleinen Land.

Zum Beispiel den »Riso in cagnone« – Reis und Kartoffeln in einer Knoblauchschwitze, eine Tessiner Freitags- und Fastenspeise.

Zum Beispiel die Pizokel (Pizzoccheri) – Buchweizennudeln mit geriebenem Käse, die im Graubündner Misox (Val Mesocco) beliebt sind, aber auch in der Deutschschweiz, etwa im Kanton Glarus. Sie werden mit einer Zwiebelschwitze serviert.

Zum Beispiel den Reis mit Kastanien, wie er im Kanton Uri gerne aufgetischt wird.

Zum Beispiel den Mais mit braunen Bohnen, wie man ihn im Centovalli schätzt.

Zum Beispiel den Mais mit Kastanien, der den Wallisern besonders gut schmeckt.

Symbolisch geradezu, daß die Makkaroni mit geriebenem Brot, die im Malcantone mit etwas Zimt in Butter angebraten werden, ›Carne dei poveri‹ heißen – Fleisch der Armen.

Wahrscheinlich ist es das, was viele sentimentalisch nennen an Alice Vollenweiders Küchenphilosophie – daß sie sich über ein Phänomen wie dieses freut: »Im Raum des Kulinarischen gibt es da eine Art helvetischer Einheit, die man in den vier Literaturen der Schweiz bisher vergebens gesucht hat.«[6]

Um so weniger Gemeinsamkeiten läßt die Schweizer Küche in der Sprache erkennen: während man im Rheintal, im Kanton Glarus oder in der Innerschweiz vom Türggeribel redet, wenn man ein Gericht aus Maismehl serviert (gerne mit Kartoffeln kombiniert, ganz nach der doppelt kohlehydratigen Art), sagen die Ticinesi dazu Polenta, wenngleich es auch im Italienischen noch den Ausdruck Granturco, zu deutsch Türkenkorn, für das Maismehl gäbe. Was der Basler Wäie nennt, dazu sagt der Schaffhauser Dünne, der St. Galler Flade und der Churer Chueche. In Genf wieder verstünde man die Bestellung nur, wenn eine Quiche geordert würde. Diese Babylonische Sprachverwirrung hat aber nichts geändert an der Klarheit gerade dieser einfachen Gerichte. Und eines hat die Schweizer Sprache und Literatur mit der Schweizer Kochkultur gemeinsam: Die größten Leistungen zeichnen sich durch ein Übermaß an Understatement aus, durch ein gesundes Mißtrauen gegenüber hochdeutschen Affektiertheiten. Und durch ein stures Beharren auf den regionalen Eigenarten. Man soll das Schweizerische ruhig durchschmecken in der Hochsprache. Denn das gibt auch ihr erst das unverwechselbare Aroma.

Der Schweizer Erzähler, Romancier und Journalist Hugo Loetscher referiert eine Szene mit Friedrich Dürrenmatt, die das bestens belegt.

»Bei den Proben zu ›Romulus der Große‹ verlangte eine Szene beim römischen Kaiser das ›Morgenessen‹. Der Darsteller des Romulus wand sich: Sicher ein großartiges Stück, aber ›Morgenessen‹ ist nun einmal nicht deutsch, das heißt ›Frühstück‹. Wütend setzte sich Dürrenmatt hin und schrieb die Szene um. Nach wie vor verlangte Romulus das ›Morgenessen‹. Der Zeremonienmeister korrigiert: ›Exzellenz, es heißt Frühstück.‹ Da erklärt Romulus der Große: ›Was klassisches Latein ist in diesem Stück, bestimme ich.‹«[7]

Die Sache mit dem Morgenessen verbindet nicht nur Literatur- und Kochkunst, sie ist auch übertragbar von deutschschweizerischen auf welsche Kantone. Zumal der Begriff ›Morgenessen‹ die Gewichtigkeit und Bedeutung dieser Mahlzeit ausdrückt, die sie überall bei den Bauern besessen hat, ob sie im Misox hocken oder hoch oben im Berner Voralpenland. Ganz anders ist es mit der pünktlichen Nahrungsaufnahme: die ist den deutschsprechenden Schweizern vorbehalten, die Uhren eben nicht nur herstellen, sondern auch ernst nehmen. Deswegen gibt es nicht nur ein verwaschenes »Zmorge«, sondern auch ein »Znüni«, und statt vage von einer Brotzeit zu quasseln, fordern sie ihr »Zvieri« ein.

Gemeinsam aber ist allen, den Welsch- und den Deutschschweizern, daß sie sich, was das Essen angeht, mit Begeisterung an den Rhythmus halten, den ihnen ihre Traditionen vorgeben. Ob das bäuerliche sind, die durch die Natur und die Ernte bestimmt werden, oder ob das religiöse sind, katholische, zwinglianische oder calvinistische.

Weil volkstümliche Feste nur dann volkstümlich sein können, wenn sich das Volk das Festen leisten kann, sind gerade für solche Anlässe viele ebenso billige wie schöne Gerichte bekannt. Da gibt es den mit Rosinen und Äpfeln gefüllten Neujohrsfisch aus Blätterteig in den Bergkantonen der Innerschweiz, die Neujohrs-Wegge oder die Neujohrs-Züpfe (Hefezöpfe) in anderen Kantonen von Bern bis Aargau, den Gâteau des Rois in Genf, im Wallis und im Berner Jura, der in der Deutschschweiz Dreikönigschueche heißt.

In allen Kantonen wird im Januar gespart, Geld wie Kalorien, mit zahlreichen einfachen und nicht gerade fetten Speisen. Wenn die Deutschschweizer danach ihre Fasnacht feiern mit kantonal verschiedenen Chropfe oder Chrapfe, dann treffen sich die Waadtländer zu ›Les Brandons‹ und die Tessiner zum Carnevale, vor allem zum gemeinsamen öffentlichen Essen am Martedì Grasso, dem Faschingsdienstag. Weil auch Carnevale immer ein Armeleutefest war, wird es heute noch mit so billigen Speisen wie Luganighe, kleinen Schweinswürsten, zum Risotto gefeiert.

Jeder Kanton hat seine Frühlingsfeste, die Unter-und Oberengadiner zum Beispiel ihre Chalanda, wo eine Padruna Chalanda, eine auserkorene Hausfrau, aus mitgebrachten Lebensmitteln ein Festmahl kocht. Die ungebrochene Lust an den einfachen Volksvergnügungen kennt keine kantonalen Grenzen, ob das Erntedankfest jetzt Sichlete heißt wie im Emmental oder La Bénichon – zu deutsch die Segnung – wie in Fribourg.

Sprachbarrieren gibt es also nicht nur für Fremde, sondern auch für Einheimische. Nur würde einem Genfer das klassische Mißgeschick nicht passieren, das vielen Deutschen widerfährt: in ein Lebensmittelgeschäft zu gehen, das bekanntlich vom Schweizer Dr. Maximilian Bircher erfundene Müsli zu verlangen und ein Grinsen zu ernten, das eine Beleidigungsklage wert ist. Müsli sind nämlich Mäuse; das Müsli heißt hier Müesli. Daß es noch letzte konsequente Deutschschweizer gebe, die bei der Bitte um Müsli mit Joghurt im Becher Anstalten machen, den Tierschutzverein zu alarmieren, sei allerdings hiermit in den Bereich moderner Mythen verwiesen.

Wer nun brav gelernt hat, wie sich das haferflockige Gesundheitsfutter hierzulande ausspricht, fühlt sich verständlicherweise für dumm verkauft, wenn ihm dann von waschechten Eidgenosssen doch Müsli offeriert werden. Nicht im Becher oder in der Tüte, sondern im Teig. Die findet man selten in Restaurants, aber häufig in guten Privathaushalten. Und in der Literatur.

Diese irritierenden Müsli sind sogar ganz charakteristisch für die tiefe Gemeinsamkeit der authentischen Schweizer Küche vom Tessin bis in den Thurgau: Sie besteht in der Begabung, aus einfachen, unscheinbaren Alltäglichkeiten ganz besondere Delikatessen zu zaubern. Vermutlich hat sich deswegen der Schweizer Dichter Gottfried Keller ihrer angenommen und sie verewigt in ›Das Fähnlein der sieben Aufrechten‹.

»Die Büchsenschmiedin kochte nämlich einen Kaffee, so gut sie ihn je gekocht; auch nahm sie eine tüchtige Handvoll Salbeiblätter, tauchte sie in einen Eierteig und buk sie mit heißer Butter zu sogenannten Mäuschen, da die Stiele der Blätter wie Mauseschwänze aussahen. Sie gingen prächtig auf, daß es eine getürmte Schüssel voll gab, deren Duft mit demjenigen des Kaffees zum Meister emporstieg.«[8]

Bei Keller führen die Müsli sogar, wie beabsichtigt, zu einem gewissen Sinneswandel seitens des Meisters. Wer heute meint, jemanden nur mit Hummer und Champagner herumkriegen zu können, sollte es zuerst einmal mit dieser preiswerten Methode probieren.

Für die Schweizer ist gute, bodenständige und herzhafte, sprich ›währschafti‹ Kost ein Glaubensbekenntnis. Kein Wunder also, daß der Streit um solide Kost sogar eine Religionsbewegung lostrat.

Zwinglis Weg zur Reformation begann nicht wie bei Luther mit Thesen auf der Kirchentür, sondern mit Würsten auf dem Teller. ›Von erkiesen und freyhait der spysen‹ hieß die Schrift, mit der er 1522 gegen das Fastengebot wetterte. Nicht höflich, sondern polemisch. Ulrich Zwingli mußte so deutlich werden, denn es ging um die Wurst. Der Prediger war nämlich bei einem Essen eingeladen, wo um ihn herum nur Schwerarbeiter saßen: Buchdrucker, die vor Ostern Überstunden machen mußten, wahrscheinlich um die Paulusbriefe rechtzeitig zum Fest fertigzustellen. Der Boß war der sehr menschlichen Ansicht, bei so tierischer Arbeit bräuchten seine Angestellten auch ein bißchen säugetierisches Eiweiß, auch wenn das, ob in Eiern, Käse oder Fleisch, kirchensaisonal verboten war. Er servierte ihnen Würste. Zwingli selber sündigte zwar nicht, fand aber den Drucker erfrischend ehrlich und die Fastengebote peinlich verlogen und wirklichkeitsfremd: erdacht von Pfaffen, die sich dann bei Lachs abkasteien und die Finger nur zum Bekreuzigen rühren. Der Konstanzer Bischof Hugo von Hohenlandenburg fühlte sich zu Recht getroffen und beschloß, Zwingli gehöre abgestraft, aber das Provinzialkonzil, das der Rat der Stadt Zürich zur Klärung der Frage einberufen wollte, kam nicht zustande. Ergebnis: Der Rat der Stadt Zürich versah den Streit um die Wurst mit einem moralisch-ideologischen Überbau und führte die Reformation ein. Nicht auf fleischloser Basis, sondern auf biblischer. Und weil in der Bibel bekanntlich nirgendwo steht, daß der liebe Herrgott den armen Arbeitern wochenlang die Wurst vom Brot nehmen wolle und die Eier vor Ostern einfach verbiete, wurde das auch nicht in die reformierten Gebote aufgenommen.

Genau das macht vielen die Eidgenossen so sympathisch: daß sie die Grundrechte vom Teller ablesen können wollen und sie mit dem Küchenmesser verteidigen. Keineswegs aus niedrigen Beweggründen: »Muße und Wohlleben«, hat der Schweizer Max Frisch Ende der vierziger Jahre in sein Tagebuch notiert, »sind unerläßliche Voraussetzungen der Kultur«.

Das müßte in den Ohren jedes Schweiz-Reisewilligen vertrauenerweckend klingen. Was viele abschreckt, ist die oft publizierte Tatsache, daß die Schweiz arm an Rohstoffen sei und dort deswegen die chemische Industrie besonders reich. Und wer in einem original Schweizer Kochbuch liest, das originale Birchermüesli gehöre mit Kondensmilch zubereitet, wer inmitten grüner Matten auf den Wunsch nach einem Glas frischer Milch mit H-Milch bedient wird, denkt, da könnte etwas dran sein. Auch die in jedem mittleren Schweizer Supermarkt angebotenen Fertigmischungen für Fondue, ganz zu schweigen von der Instant-Rösti, verstärken dieses ungemütliche Gefühl. Die einfache Küche der Schweiz aber beweist nach wie vor, daß dieses Land unendlich reich ist an eßbaren Rohstoffen und daher auf chemische Fortschritte ganz und gar verzichten kann: das paradiesische Land, »wo Milch und Honig fließen« – damit könnte glatt die Schweiz gemeint sein.

Was speziell die Deutschen verwirrt, ist, daß sehr vieles in der Küchensprache der als besonders anständig und sauber beleumundeten Schweizer geradezu obszön klingt. Gschwellti haben nichts mit sexueller Erregung zu tun, es handelt sich schlicht um Pellkartoffeln. Chuscht bezeichnet nicht eine besonders hemmungslose Lust, sondern das Aroma. Fotzelschnitten sind nichts Unanständiges, sondern gebackene Brotschnitten, und Säuchrut meint ganz einfach den Löwenzahn, aus dem nicht nur Säuchrutsalat, sondern auch ein köstliches Gelee bereitet wird.

Der einzig richtige Schluß daraus: Essen ist in der einfachen Küche eben auch sprachlich ein sinnliches Erlebnis.

Noch ein Hinweis darauf: Wird authentisch gekocht, bleibt jeder Kanton seiner Sprache treu. Nur wenn Schweizer auf vornehm machen, um etwas weniger vornehme Gelüste zu bemänteln, sprechen sie auf einmal alle französisch. »A discrétion« heißt es auch in den Restaurants von Zürich oder Bern, wenn jeder für einen Pauschalbetrag hemmungslos zuschlagen darf.

In der einfachen Küche gibt es das Problem nicht: da gibt es statt dessen nach altem Brauch ein Essen für viele aus einem Topf. Da weiß dann auch keiner genau, wer nun wieviel gegessen hat.

Leider ist Fremden als ein Essen in diesem ursprünglichen Stil heute nur noch das Fondue bekannt. Aber gerade unter den authentischen Älpler-Speisen finden sich noch viele andere Rezepte, die nicht als Tellergerichte gedacht sind. Was eigentlich pragmatische Gründe hatte, bietet auch psychologische Vorteile: die unsichtbare Schranke zwischen den einzelnen Tischgenossen, wenn jeder vor seiner Portion sitzt und mit seinem Besteck ißt, führt unbewußt zu einem Gefühl der Vereinsamung. Das Essen aus einem Topf aber stiftet selbst bei einer Single-Party das familiäre Gefühl der Geborgenheit und Gemeinsamkeit. Grund genug, sie wieder aufzuwärmen: die dicken Suppen, in die jeder sein Brot eintunkt und die gemeinsam ausgelöffelt werden.

Daß sie diesen Brauch erhalten haben, widerlegt die Unterstellung, die Schweizer seien politische Dinosaurier. Bloß weil im Kanton Appenzell erst im Jahr 1990 auf ein Bundesgerichtsurteil hin bei den Innerrhodener Wahlen das Wahlrecht für Frauen eingeführt wurde. Hoch oben auf der Alp haben es nämlich mancherorts die Frauen noch bequemer und fortschrittlicher als vermeintlich zeitgeistige mit Geschirrspüler in den Städten: sie müssen weder groß Tisch decken noch spülen. Denn besagter Topf für alle spart diese überflüssigen Hausarbeiten, zumal dort auch die Löffel nur abgeschleckt und an individuellem Ort aufbewahrt werden.

Die allgemein-menschlichen Gelüste nach krachenden Krusten, nach Röschem, Buttrigem, nach Ausgebackenem, Knusprigem, Deftigem, nach golden Überbackenem – sie werden von vielen Ernährungspäpsten, Spitzenköchen und Gesundheitspredigern ignoriert. Und sie werden gerade in der Schweiz befriedigt.

»Die Schweiz muß das Land sein«, forderte der Schweizer Schriftsteller Jakob Bosshart in hehrer Strenge, »das die Kraft besitzt, seine Interessen den allgemein-menschlichen hintanzustellen«.

Anders gesagt: Die reiche Schweiz erfüllt brav die Pflicht, anstatt reich und damit standesgemäß zu kochen, unser aller Hunger nach dem Einfachen und Guten zu stillen.

Und abseits der Touristenfallen locken die Schweizer den Reisenden die Mäuse auch nicht mit Speck aus der Tasche, sondern mit Käse, Kartoffeln, Milch und Äpfeln.

Der Käse

Der große Alfred Polgar (Österreich) bescheinigte einem Schriftstellerkollegen (Deutschland) bei einer wenig bekannten Arbeit über ein legendenumwittertes Produkt (Schweiz) besondere Kompetenz.

»Das Werk«, schrieb er, »zwingt schon durch die Gelehrsamkeit, die in ihm verkocht erscheint, Bewunderung ab, besonders einem Leser wie mir, dessen Bildung an Emmentaler Käse erinnert, indem sie wie dieser größtenteils aus Lücken besteht.«[9]

Wer das für Käse hält, irrt. Wer allerdings eine gewisse Ironie herauszuschmecken glaubt, liegt richtig. Polgars Bewunderung galt nämlich einem Opus von Kurt Tucholsky mit dem pädagogisch vielversprechenden Titel: »Wo kommen die Löcher im Käse her – ?«

Das Stück beginnt mit einer Szene aus dem ganz normalen Leben: Die Kinder werden abgefüttert, bevor die Gäste kommen, und zwar mit Käse. Mit Emmentaler, um genau zu sein.

Leider ist ihr Appetit kleiner als ihr Wissenshunger, und so sehen sich die Erziehungsberechtigten auf einmal mit der Schicksalsfrage konfrontiert: Wo kommen die Löcher im Käse her? Mit plumpen Methoden wie »du sollst bei Tisch nicht reden« oder »jetzt löcher mich nicht mit deinen Löchern und geh zu Bett« und mit leeren Versprechungen einer Schweiz-Reise »wenn du groß bist« mogeln sich Mutter und Vater über die Runden, bis die Gäste kommen, fast alles Akademiker. Die Frage mutiert also prompt zur Streitfrage und produziert die abenteuerlichsten Theorien. Eine endgültige Klärung mit Hilfe eines Lexikons sorgt leider nicht für Frieden, sondern nur für eine Eskalation. Tucholsky notiert nüchtern am Ende der Debatte das Ergebnis: »3 Privatbeleidigungsklagen, 2 umgestoßene Testamente, 1 aufgelöster Soziusvertrag, 3 gekündigte Hypotheken, 3 Klagen um bewegliche Vermögensobjekte (...), 1 Räumungsklage des Wirts. Auf dem Schauplatz bleiben zurück ein trauriger Emmentaler und ein kleiner Junge, der die dicken Arme zum Himmel hebt und, den Kosmos anklagend, weithallend ruft: ›Mama, wo kommen die Löcher im Käse her – ?‹«[10]

Der Kosmos wußte es offenbar auch nicht, aber er gab die Frage weiter, derer sich seither, um ähnliche juristische Folgen zu verhüten, zahllose Kochbuchautoren angenommen haben.

Überall ist heute daher die Beantwortung dieser Frage in wenigen knappen Worten zu finden: Im warmen, feuchten Gärkeller bildet sich Kohlesäuregas, das sich zum Teil im Käseteig ansammelt. Dadurch kommen die Löcher in den Käse. Je langsamer und ausgeglichener der Gärungsprozeß verläuft, desto schöner und gleichmäßiger wachsen die Löcher. Erst nach zwei bis drei Monaten wird der Emmentaler dann in den Reifekeller verfrachtet, wo er nach frühestens vier Monaten die Verzehrreife erlangt. Wer ihn als vollreifen, markanten Charakter liebt, muß allerdings länger warten.

Sicher ist, daß ausgerechnet den Käsern im Emmental etwas abgeht, was die Kollegen in Brie oder in Gorgonzola bei Mailand, in Grana oder in Reggio bei Parma, in Camembert bei Argentan oder im südfranzösischen Roquefort in ausreichendem Maß besitzen: Geschäftssinn. So absurd es klingt, daß der irgendwo in der Schweiz Mangelware sein sollte – es ist leider so, daß ihnen gerade dort der Sinn fürs Patente und fürs rechtzeitige Patentieren abging. Während die Kollegen ihre Käsespezialität vom Roquefort bis zum Parmigiano Reggiano schlauerweise am Ort festgemacht haben, wie bekanntlich auch die Hersteller des Champagner dessen Produktion an der Champagne und die des Cognac dessen Herstellung am Cognac-Gebiet, ist der Emmentaler nicht an dieses schöne Tal im Berner Alpenvorland gebunden, sondern nur an das Herstellungsrezept. Und weil der Emmentaler ein universell verwendbarer Käse ist, haben sich das von den Niederlanden bis ins Allgäu, von Finnland bis Österreich, von Frankreich bis Übersee die Käsehersteller unter den Nagel gerissen. Kaum ein Käse ist so vielseitig einsetzbar in Suppen und Saucen, für Gratins und Fladen. Das beweist allein schon die Schweizer Küche. Wahrscheinlich ist wegen der merkantilen Dummheit gerade der Emmentaler sogar der berühmteste Käse der Welt und somit zumindest ein Achtungserfolg für die Schweiz. Er beweist zu guter Letzt wenigstens insofern Geschäftssinn, als bei ihm das Nichts ein Qualitätsmerkmal ist – nur die Löcher lassen von außen erkennen, was er taugt.

Eines aber ist den Eidgenossen schwer zu stehlen– eine irdische Dreieinigkeit, die Vergil als italienisches Verdienst gepriesen hat in seinen ›Bucolica‹ (I, 82): »Wir haben köstliche Äpfel, weiche Kastanien und frischen Käse in Fülle.«

Doch in Schweizer Qualität ist diese Trinität heute schwer zu übertreffen.

In einem anderen Punkt ist Vergil allerdings restlos überholt: er beschwert sich, die Städter wüßten den Wert des mühsam hergestellten Käses nicht so recht zu schätzen. Heute sähe Herr Vergil in München oder Paris, Basel, Zürich oder Wien, Hamburg oder Brüssel viele, die bereitwillig für 100 Gramm guten Käse vier bis sechs, manchmal sieben oder gar acht Mark respektive Franken hinblättern. Das Infame daran: die Speise der Armen, der Bauern und Sennen, ist zu einer der Reichen mutiert.

Die einfache Küche aber kennt immer ein Hintertürchen, den Notausgang, der eine Ausflucht ermöglicht. Das Fondue überläßt so ein Küchenmeister mitleidsvoll lächelnd den Betuchten und den Touristen. Und wendet sich jenen Gerichten zu, wo der Käse in kleiner Menge verwendet wird und gerade deswegen groß herauskommt. Chäs-Chüechli und Chässchnitte, Beignets au fromage und Croûtes, Tarte au fromage oder Gomser Fladen, Chässoppe mit altbackenem Brot oder Chäshappech.

Gerne hören Schweizer die historisch nicht so ganz gesicherte Geschichte vom Tod des römischen Kaisers Antonius Pius: er hatte den helvetischen Alpkäse zum Fressen gern und liebte das Importprodukt mehr als sein Leben. Er habe sich, heißt es, an Schweizer Käse zu Tode gefressen.

Allerdings hat es sich dabei aller Wahrscheinlichkeit nach nicht um Emmentaler gehandelt, sondern um Sbrinz. Denn diese trockene Spezialität aus dem Kanton Luzern wird schon bei Plinius als »caseus helveticus« bezeichnet. Ein mörderisch guter Käse offenbar, der nie geschnitten wird, sondern in kleinen Brocken aus dem Laib herausgehackt und aus der Hand gegessen. Ihm fehlt allerdings eine Eigenschaft, die ansonsten den Käsesorten der Kantone gemeinsam ist: er zieht keine Fäden. Trotzdem versteht es auch ein Luzerner, wenn man ihm rät: »Ziä Fäde!«, das heißt schlicht ›Verzieh dich‹.

Sein sorgsam gepflegtes Image als älteste Schweizer Käsesorte macht dem Sbrinz nur der Schabziger streitig. Dieser keineswegs komische, aber konische Käse wird aus entrahmter Milch, Buttermilch und einem Gewürzkraut hergestellt, das melilotus coerulea heißt. Noch immer wird es hauptsächlich für diesen Käse angebaut. Ausgestorben ist dagegen leider die Sitte, den Schabziger bei den Schabzigermändli zu kaufen. Früher wanderten die einmal pro Monat mit den Schabzigerstöcken am Buckel durchs Glarnerland und brachten den Bauern das, was die Gschwellti erst fett macht.

Die Äpfel

Anderswo kennt man Apfelmus. Die Schweizer aber kennen die Apfelmuse: zu zahllosen Kreationen hat sie die eidgenössischen Hausfrauen, -männer, Köchinnen und Köche inspiriert. Nicht nur zu vielen Apfelmus-Varianten, vom Berner Öpfelmues mit Nidle (wo steifgeschlagene Sahne unter das mit Zimt verkochte Apfelmus gehoben wird), Apfelmus auf alte Art (bei dem die Äpfel vorher in Butter geschmort werden) oder Apfelmus mit Meringue (hier wird Eischnee untergezogen und das Ganze im Ofen gebacken) und Öpfelschoppe (einem Apfel-Brot-Auflauf), Öpfelschpätzli und Öpfel im Tschöpli (in der anständigen Schweiz tragen die Äpfel selbstverständlich keinen Schlafrock wie bei uns, sondern ein ausgehfeines Jöppchen), zu Öpfelbröisi (Apfelrösti), Öpfelwäie und Öpfelchüechli, zu Öpfelchrauschi (Äpfel, die mit Brotwürfeln, Rosinen und Zucker in Butter geschwenkt werden) oder Öpfelhürlig (Apfelkrapfen), Nidelöpfel, Gfüllti Öpfel nach Luzerner Art, Öpfeluflauf nach Nidwaldner Art oder Apfeltatsch, eine Apfelomelette nach Graubündner Art, Öpfelchueche, wie ihn die Emmentaler lieben, und Öpfelturte, wie sie die Thurgauer backen. Und diese Liebe zum Apfel ist in der Schweiz eine grenzenlose. Geschmacksgrenzenlos und kantonsgrenzenlos. Apfelmus wird sogar zu Nudeln und Würsten aufgetischt und auch gern zur Polenta. Selbst auf den Apfelstrudel lassen die Schweizer den österreichischen Nachbarn nicht das Exklusivrecht: auch die Graubündner Küche kennt ihn seit langem. Bei ›Schnitz und Drunder‹, einem Klassiker der einfachen Küche, vereinen sich die Äpfel nicht nur mit Birnen, sondern auch mit Speck und Kartoffeln.

Natürlich vermuten Menschen mit einem Mindestmaß an Bildung, der Apfel genieße deswegen soviel Hochachtung in der Schweiz, bis hin in die Schweizer Küchen, weil sich an ihm die Treffsicherheit der Eidgenossen bewiesen habe, die durch ihn weltberühmt wurde. Ausgerechnet das Abschießen eines Apfels führt der etwas altkluge Sohn Walther in Schillers ›Wilhelm Tell‹ bekanntlich als Beweis an für seines Vaters Schützenkünste. »...'nen Apfel schießt der Vater dir vom Baum auf hundert Schritte«, posaunt er ziemlich präpotent heraus. Und das ausgerechnet gegenüber dem Berufsbösewicht Geßler. Daß Tell erst circa sechs Seiten später, nach nervenaufreibenden Dialogen, anlegt und nicht den vorlauten Sohn, sondern den Apfel trifft, verleiht diesem Apfel sicher mehr dramatisches Gewicht als jener Frucht, die Eva dem Adam aufdrängt und die zwar zur Zwangsausweisung führt, aber nie explizit als Apfel ausgewiesen wird.

Was die meisten Schweizer nicht wissen: der Bankrotteur Schiller, der das Geld für eine Schweiz-Exkursion nie zusammenbrachte, hing so an diesem Apfel, daß er ihn sich viel Schweiß kosten ließ. Ein Werkstattbericht des Besserwissers Goethe (der die Tell-Idee geboren hatte) an Grüner belegt das: »Ich machte Schiller aufmerksam, wie es komme, daß der Landvogt Geßler auf den Einfall gerät, Tell solle den Apfel von des Knaben Kopf schießen und bemerkte, daß das nicht gehörig motiviert sei. Schiller war hierüber etwas unwillig, allein ungefähr den dritten Tag brachte er die Scene mit dem Knaben des Tell, der behauptet, sein Vater könne mit dem Pfeil jeden Apfel vom Baume schießen. Sehen Sie, Freund, jetzt ist eine Veranlassung dazu«.

Klingt wie eine Warnung an alle – wie das Gesetz es befiehlt: bewaffneten – Eidgenossen, nicht aus bloßer Willkür einen Golden delicious auf den Kopf ihres Nachwuchses zu legen und dann rumzuballern. Denn es braucht laut Goethe eben eine Veranlassung dazu.

Vor allem aber ist der Apfel ein Geschoß gegen die breite Front der Italophilen, die frech behaupten, alles, was in der Schweiz gut schmecke, komme aus Italien. Auch den Apfel hätten natürlich die Römer in die Schweiz gebracht. Sie lassen sich mühelos mit archäologischen Fundstücken als Verleumder überführen: Prähistorische Funde aus der Schweiz enthielten Äpfel, die freilich nicht mehr zum Verzehr, aber zum Beweis geeignet waren.

So gesehen ist es sicher kein Zufall, daß die heute schon mit teppichbodendicker Patina überzogene Show des Schweizers Vico Torriani ›Der goldene Schuß‹ hieß.

Die Kartoffeln

Intellektuelle Schweizer erkennt man daran, daß sie sich über Schweizer Kulturgut lustig machen, was nicht alle Schweizer lustig finden.

In einem geradezu lasterhaften Essay, überschrieben ›Helvetische Flurbereinigung‹, wagt sich der Schriftsteller Hugo Loetscher sogar an die Rösti heran. Die eiserne Konsequenz gewisser Landsleute, die der Ansicht seien, »daß in unserem Land nur gedeihen soll, was schon immer zu ihm gehört hat«[11], schmiedet er hurtig um in ein Fangeisen.

»Natürlich«, meint Loetscher, »sind die meisten davon überzeugt, das, was vor unseren Fenstern blüht und gedeiht, habe dort immer gegrünt und habe dort schon ewig gesprossen. Aber dem ist leider nicht so.«[12]

Blasphemisch klingt es in eidgenössischen Ohren, wenn er behauptet: »Ja, unsere Natur ist voll von ›fremden Fötzeln‹«,[13] was in deutschen Ohren unsittlich klingt, aber nur ›Eindringlinge‹ meint.

Das Fangeisen der Konsequenz könnte vielen zum Verhängnis werden. »Auch die Berner müßten umdenken«, warnt Hugo Loetscher, »und vielleicht sogar um-essen. Die Kartoffel ist eben auch kein einheimisches Gewächs. Sie stammt aus Südamerika. Daß dort in den Anden andere Sennen wohnen als bei uns, kann man schon daraus ersehen, daß sie die Panflöte blasen und nicht Alphorn spielen wie wir.«[14]

Was Hugo Loetscher netterweise verschweigt: Das Gewicht der Panflöte verhält sich zu dem des Alphorns genauso wie das schlichter südamerikanischer Kartoffelgerichte zu dem der Berner Kartoffelrösti.

Was den Deutschschweizern so am Herzen liegt, liegt den Welschschweizern ebenso wie den Fremden vor allem im Magen. Aber meistens deswegen, weil sie die Rösti mit zuviel Fett und zuwenig Geduld zubereiten.

An anderer Stelle bekennt Hugo Loetscher sein intimes Verhältnis zur Knolle.

»Als Junge wurde ich ins Land der Väter geschickt, ein Städter ins Luzernische Hinterland, dorthin, wo meine Großmutter lebte, und diese tischte zum Frühstück Rösti auf...«.[15] Da bekommt der gewichtige Ausdruck ›Morgenessen‹ seinen Sinn. Und Loetscher gibt zu: »Die Rösti war für mich Inbegriff innerschweizerischer Ursprünglichkeit, damit hatten sich die Ahnen gestärkt, bevor sie in die vaterländischen Schlachten zogen.«[16]

Eine vaterländische Schlacht tobt in der Schweiz bis heute, nämlich die zwischen den verschiedenen Rösti-Parteien. Welche Kartoffelsorte ist die ideale Röstisorte? Nimmt man roh geraspelte Kartoffeln oder solche, die am Vortag gekocht wurden? Müssen sie in Schweineschmalz oder in Butter herausgebraten werden?

Daß die Rösti kein Kochgut, sondern ein Kulturgut ist, dessen Export die Schweizer am liebsten so streng ahnden würden wie die Griechen die Ausfuhr antiker Amphoren und Kapitelle, ist bei Hugo Loetscher unüberhörbar. Ausgerechnet in Chicago, der ersten Stadt der USA, die er bereist, sieht er mit wundem und wehmütigem Blick auf dem Frühstücksbuffet Rösti. Veritable Rösti, allerdings unter der Bezeichnung »hash brown«.

Seine Versuche, den jäh geknickten Nationalstolz aufzurichten und den Cowboys das Recht auf Rösti ganz souverän zuzubilligen, sind mühsam: »Warum sollten Kuhhirten«, fragt er sich verzweifelt polyglott, »nicht Rösti essen, wenn im Gegenrecht unsere Sennen alpinen ›hash brown‹ auftischen dürfen; die Blue jeans dazu tragen sie bereits, auch wenn sie vorläufig noch ohne Lasso auskommen.« Aber der kluge Loetscher bedauert unverhohlen: »Etwas Typisches ist verlorengegangen und durcheinandergeraten.«[17]

Urs Widmer sogar, der aus dem als weltoffen geltenden Basel stammt, wird, wenn es um die Rösti geht, zum Patrioten. In der autobiographischen Erzählung ›Bern‹ läßt er sich auf einen Bauernhof geraten, wo er sich zum Essen und Übernachten einlädt und an den recht atavistischen Vorbereitungen vom Kartoffelausgraben beteiligt ist. Endlich ist es soweit. »Die Mutter kauert vor dem Herd. Sie bläst mit aller Kraft ins Feuer. Ich starre auf den Hintern. Von ihrem Mund donnern

Flammen auf. Sie steht auf, nimmt Kartoffeln aus dem Jutesack und wirft sie in die Pfanne, die sie aufs Feuer stellt. ›Die Geschwellten müssen abkühlen, bevor wir eine Röschti machen‹, sagt sie. ›Das wird nicht vor morgen gehen. Heute machen wir halt Bratkartoffeln.‹«[18] Aber das ist selbst für arme Berner Bauern eine Notlösung. Denn, wie Hugo Loetscher mitleidig vermerkt, Rösti ist eben das Gegenteil davon. Nur sie rühmt er als distinktives Schweizer Merkmal, als »Kartoffeln, nicht wie sie die Deutschen als grobschlächtige Bratkartoffeln aus der Pfanne schaufeln«.

Der Röstigraben zieht sich also nicht nur durch die Schweiz, sondern auch entlang der deutsch-schweizerischen Grenze. Beiderseits dieses Limes allerdings wird die Kartoffel in einem eher demütigenden Zustand geschätzt, den die Italiener der Kartoffel nicht zumuten würden: verkocht zu Brei, der in der Schweiz Stock heißt. Doch in einem Billiggericht wie dem Hardepfalfuchs, einem Kartoffelpfannekuchen, im Ofeguck oder im Ofetori, erst recht in den delikaten Härdöpfel-Chnöpfli bekommt der Kartoffelstock seine Würde zurück. Er ist zwar stocksteif, wenn er klassisch zubereitet wird, verstockt aber ist er nicht. Deswegen sprechen ihm die Schweizer begeistert zu.

Die Milch

Wenn ein Fremder in der Schweiz eingeladen wird, an einem Suufsunntig teilzunehmen, macht er sich vielleicht Sorgen um seine Leberwerte und um seinen Führerschein. Beides ist unnötig. Denn zum Suufsunntig geht man ohnehin zu Fuß, weil er nicht in einer städtischen Kneipe, sondern auf einer Alm stattfindet. Und die einzigen Werte, die nach zu vielen Suufsuntig-Feiern (jede Alm hatte früher ihre eigene Feier) steigen könnten, sind die Blutfettwerte. Denn beim Suuf handelt es sich um die Milch, die im Käsekessel zu einer dickflüsssigen Substanz geronnen ist. Der Suufsunntig war, wie andere Bergfestivitäten, früher die einzige Unterhaltungssendung der einsamen Sennen, heute ist er ein Hort alter Bräuche und Rezepte. Sollten dem Gast auf einem sommerlichen Suufsunntig dann Magrone angeboten werden, braucht ihn keine Angst vor unzeitgemäßem Weihnachtsgebäck mit Haselnüssen oder Kokosraspeln zu beschleichen: nicht von den Makronen, sondern von den Makkaroni haben diese Nudeln ihren Namen. Die Deutschschweizer selber sagen auch Hörnli dazu, aber sie befürchten zurecht, daß die dummen Touristen dahinter das vermuten würden, was ein Gipfeli ist, also ein Croissant.

»Die Milch der frommen Denkart« ist nicht zufällig ein Zitat aus dem schweizerischen Nationaldrama ›Wilhelm Tell‹. Allerdings ist das moralisch einwandfreie Getränk, als im vierten Akt, dritte Szene, von ihm die Rede ist, bereits kontaminiert. »... in gährend Drachengift hast du / die Milch der frommen Denkart mir verwandelt«, beschwert sich Tell in einem Selbstgespräch bei seinem Erzfeind, dem Landvogt. Einfühlsam jedenfalls, daß der Schwabe Schiller, der die Schweiz nie besucht hat, die Bedeutung der Milch für die eidgenössische Ethik zu schätzen wußte.

Den Indern sind die Kühe so heilig, daß sie gar nichts mit ihnen anfangen. Den Schweizern sind die Kühe so heilig, daß sie mit den Produkten der Kühe möglichst viel anfangen.

Diese Leidenschaft selbst für die kuhwarme Milch läßt kaum einen kalt. Da steigen sogar Päpste von dem hohen Roß der Prinzipienreiter. Papst Calixtus II. zum Beispiel hatte ein Einsehen. Er verstand, daß man ex cathedra dem Volk der Hirten und Sennen in der Fastenzeit manches verbieten konnte, aber nicht die Milch. Vor die Wahl gestellt, entweder hintergangen zu werden oder die Angewohnheit mit päpstlichem Wohlgefallen zu segnen, entschied er sich klug für letzteres. Also dachte er sich eine Sondererlaubnis aus – die sogenannten Laktizinien, die den Schweizern erlauben, auch in der Fastenzeit Milchprodukte aller Art zu konsumieren. Es gibt zwar Mediziner, die es aus physiologischer Sicht für pervers halten, wenn Erwachsene noch an der Milchflasche hängen. Denn offenbar sind die Weißen nur durch eine Anomalie dazu imstande, auch noch als Erwachsene Milch zu verdauen: Afrikaner und Asiaten können das nicht. Doch die Schweizer meinen zu Recht, die könnten sich dann ja an Würste, Rösti und Schweinsbraten halten. Es sei denn, der Schweinsbraten sei nach altem Schweizer Rezept in Milch geschmort.

Es ist doch ein schönes Zeichen, daß auch arme Schweizer sich in der reichen Schweiz fühlen können wie im gelobten Land, wo laut Bibel (2. Moses 3,8) Milch und Honig fließen. Honigmilch mit einem Gutsch (Schluck) Schnaps ist ein Mittel gegen Erkältungen, das auch Senner sich leisten konnten. Ziger, ein Molkenkäse, mit Honig ist eine uralte Leibspeise der Walliser. Meuchemagrone, zu deutsch Milch-Makkaroni, meinen jene Sorte Nudeln, die in der Schweiz Hörnli heißen und in einer Milch-Butter-Sauce mit Käse serviert werden. Sie sind die Basis für zahlreiche Varianten von Sennenmagronen in der ganzen Schweiz. Ob sie im Tessin mit Salamiwürfeln angereichert werden, ob sie im Emmental mit Emmentaler, im Appenzell mit Appenzeller oder in den Freiburger Alpen mit Vacherin serviert werden oder bei den Glarnern mit dem deftigen Schabziger: immer werden sie in diese schmeichelnd weiche Milch-Butter-Sauce gebettet.

Aber auch die oder der Nidel, wie der Rahm in einigen Kantonen heißt, besitzt Kultstatus. Nytläriis heißt der Rahmreis aus Sisikon, aus dem Oberland stammt ein altes Rezept für Nidlebrot, eine Süßspeise aus Rahm, altem Brot, Milch und Rosinen. Nidelöpfel sagen die Luzerner zu ihren Rahmäpfeln, die gerne zu Milchreis oder Kartoffelpuffern gegessen werden, Nidlcflade heißt ein Ostergebäck aus den Klosterküchen des Kantons Schwyz. Und ein Fest ohne Nidel war selbst in armen Schweizer Haushaltungen von jeher undenkbar.

Schülern, die sich Jeremias Gotthelfs Geschichte ›Die schwarze Spinne‹ reinzwingen müssen und sie so schnell es geht runterwürgen, entgeht darin meistens der Leckerbissen: die duftende, deftige und detailgenaue Beschreibung dessen, was bei einer ländlichen Kindstaufe in der Schweiz alles aufgefahren wurde. Und zwar schon zum Frühstück. Die Hebamme a.D. mutiert zwangsweise zur Köchin und zur Servierin: »Neben den Käse stellt sie die mächtigen Züpfe, das eigentümliche Berner Backwerk«, außerdem »Habküchlein« und »Eierküchlein«. Und was fehlt nun noch? »Heiße, dicke

Nidel stund in schön geblümtem Hafen zugedeckt auf dem Ofen«.[19]

Ein Bilderbuch des Bündner Malers und Graphikers Alois Carigiet und der Bündner Autorin Selina Chönz wird im Engadin wie eine Kinderbibel geehrt. Die Geschichte vom Schellenursli, die schon ins Englische, Französische und Japanische übersetzt wurde, handelt vom Brauch des Chalandamarz, des Frühlingsfests, bei dem die Kinder den Winter ausläuten. Auf der Suche nach einer besonders imposanten Schelle verirrt sich Ursli, und als der schmerzlich Vermißte endlich heimkehrt, gibt es ein Festessen, das wenig kostet und viel hermacht: »Die Mutter bringt Kastanienribel / und obendrauf geschwungne Nidel. Der Ursli ißt, soviel er kann. / Die Elten sehn sich glücklich an.«[20] Jawohl, Sahne macht glücklich! Und die Schweizer haben das nie vergessen.

Daß Fett ein optimaler Aromaträger ist, obwohl selber geschmacksneutral, klingt in den Ohren vieler Diätfanatiker wie ein plumper Versuch, sie zur Völlerei zu verführen. Aber gerade die einfache Schweizer Küche beweist es. Und wer es besonders angenehm empfindet, ein Stück Käse, eine sahnige Sauce oder ein rahmiges Dessert im Mund zu haben, braucht sich nicht mit Gewissensbissen zu quälen: neuerdings wird dieses »volle, gute Mundgefühl« von Ernährungswissenschaftlern ernst- und wichtiggenommen. Wer sich das nämlich dauernd verkneift, den überfällt irgendwann der Heißhunger. Und anstatt den mit Nidel zu Kastanien, einem Stück Emmentaler oder einer Milchsuppe zu stillen, ziehen sich die Mund-Totmacher dann Softeis und Kartoffelchips rein.

Die Schweizer sind bekanntlich ein besonnenes Volk. Daher haben sie neben der Leidenschaft für die hochkalorischen Mundverwöhner eine sehr gesunde für Salat, vor allem für grünen Salat mit grünen Kräutern. Ob sie einfach das Grün zum Fressen gern haben oder den üppigen Kräuterbestand ihres Landes ausnützen wollen – Salat wird zu allem serviert außer zu Süßspeisen und Suppen.

Auch wenn Deutschschweizer andeuten, daß ihnen die Tessiner etwas fremd vorkommen, wenn sie die Gotthardchinesen heißen, auch wenn vom Röstigraben die Rede ist, auch wenn es eigentlich nicht die Schweizer Küche gibt, sondern die Schweizer Küchen: gerade an den alten und einfachen Gerichten läßt sich erkennen, daß sogar der Tessin eigentlich kulinarisch näher bei Zürich liegt als bei Mailand. Denn all die Gnocchi und Spaghetti, Ravioli und Risotti, die Fremde für landestypisch halten, sind erst im letzten Jahrhundert, teilweise erst in diesem Jahrhundert, auf die Tessiner Speisekarten und Teller gelangt. Davor waren Hirse und Gerste, Roggen und Hafer, Buchweizen und Kastanien die Basis der Tessiner Küche.

Und zwischen den Fronten von Fast Food und Nouvelle Cuisine, zwischen amerikanischer Banalisierung und kochkünstlerischer Stilisierung, haben die Eidgenossen, scheint es, einen kulinarischen Rüeblischwur geleistet: zurück zu den Wurzeln. Die Wurzeln können ja auch Kartoffeln sein. Oder tief verwurzelte Bräuche. Denn in Zeiten der kulinarischen Globalisierung ist das sicher eine lukrative und touristisch wirksame Methode: die Schweiz aufzubauen als das Land mit dem größten Reichtum an armen Küchen.

Eva Gesine Baur

Literatur

1 Alice Vollenweider und Hugo Loetscher: Kulinaritäten. Ein Briefwechsel über die Kunst und die Kultur der Küche, Zürich 1991, (Erstausgabe 1976), S. 14.
2 ebd., S. 14.
3 Henry Kamen: The Iron Century. Social Change in Europe 1550–1660, London 1971/76, S. 36.
4 Gert von Paczensky und Anna Dünnebier: Leere Töpfe, volle Töpfe. Die Kulturgeschichte des Essens und Trinkens, München 1994, S. 378.
5 Peter Bichsel: Des Schweizers Schweiz. Aufsätze, Zürich 1986, S. 37
6 Vollenweider und Loetscher: Kulinaritäten, a.a.O., S. 14.
7 Hugo Loetscher: Was ein schweizerischer Arbeiter zur Arbeit trägt, in: Hugo Loetscher: Der Waschküchenschlüssel oder Was – Wenn Gott Schweizer wäre. Zürich 1988, S. 45.
8 Gottfried Keller: Das Fähnlein der sieben Aufrechten (Erstausgabe 1861), Stuttgart 1993, S. 39.
9 Alfred Polgar, zitiert in Kurt Tucholsky: Wo kommen die Löcher im Käse her – ?, in Kurt Tucholsky, Gesammelte Werke (1928), Reinbek bei Hamburg 1975, Bd. 6, S. 210.
10 Kurt Tucholsky, ebd., S. 210–213.
11 Hugo Loetscher: Helvetische Flurbereinigung, in: Der Waschküchenschlüssel, S. 19.
12 ebd.
13 ebd., S. 20.
14 ebd., S. 19.
15 Hugo Loetscher: Die Welt bittet zu Tisch, in: Das Literarische Bankett. Arrangiert von Heinz-Ludwig Arnold und Christiane Freudenstein, Leipzig 1996, S. 36.
16 ebd.
17 ebd., S. 37
18 Urs Widmer: Bern, in: Das Literarische Bankett, a.a.O., S. 169.
19 Jeremias Gotthelf: Die schwarze Spinne (Erstausgabe 1842), Stuttgart 1994, S. 7.
20 Selina Chönz und Alois Carigiet: Schellen-Ursli, Zürich 1959.

Rezepte

Zeichenerklärung:

*	=	einfach
**	=	braucht etwas Zeit
***	=	braucht Übung

Baasler Määlsuppe*
Basler Mehlsuppe

50 g Butter · 50 g Mehl
1/2 l Fleischbrühe · 1 l Wasser · 1 Zwiebel
Salz, Pfeffer, Muskat
Sbrinz

Butter heiß werden lassen und das Mehl unter ständigem Umrühren mit einem Holzlöffel braun rösten. Es darf weder Klumpen bilden noch anbrennen.
Die geschälte Zwiebel in Ringe schneiden und im Mehl goldgelb dämpfen. Wasser und Fleischbrühe zugeben und rund 1 1/2 Std. köcheln lassen. Mit Salz, Pfeffer und Muskat abschmecken und den geriebenen Käse über die Suppe streuen.

In Basel wird diese Suppe ausschließlich nach dem Morgestraich, dem Fasnachtsbeginn, gegessen.

Sammetsuppe*

Samtsuppe

60 g Butter · 2 Eier
30 g Mehl · 1/4 l Milch
1,2 l Fleischbrühe · Salz, Pfeffer
Petersilie

Butter mit den Eiern schaumig schlagen, das gesiebte Mehl dazugeben und mit der lauwarmen Milch mischen. Die Fleischbrühe aufkochen, den Topf vom Herd nehmen und unter ständigem Umrühren die Mischung einlaufen lassen. Mit Salz und Pfeffer würzen und mit gehackter Petersilie bestreuen.

Wenn diese Suppe auch nicht aus dem Kanton St.Gallen stammt, nehmen die Einheimischen das Rezept für sich in Anspruch und beziehen es auf die Stoffe ihrer früher bedeutenden Textilindustrie.

Brösmelisuppe*
Semmelbröselsuppe

20 g Butter · 20 g Mehl

3 EL Paniermehl · 1 1/4 l Wasser

Salz · evtl. 1 Ei

Butter heiß werden lassen, Mehl und Paniermehl unter ständigem Rühren darin hellbraun rösten. Wasser beifügen und salzen. Auf kleinem Feuer 10 Min. köcheln lassen. Nach Belieben über ein verklopftes Ei anrichten.

Brösmeli meinen sowohl Brosamen als auch Paniermehl (Semmelbrösel), das für diese leichte Suppe verwendet wird.

Boonechruutsuppe*
Bohnenkrautsuppe

1 Bund frisches Bohnenkraut
20 g Butter · 1 EL Mehl
3/4 l Fleischbrühe · 1/4 l Milch
2 EL Sauerrahm · 1 EL Zitronensaft
Pfeffer

Butter erhitzen, das sehr fein gehackte Bohnenkraut anrösten, mit Mehl bestäuben, gut umrühren und weiterrösten, mit Fleischbrühe ablöschen und 20 Min. kochen. Milch dazugießen, nochmals aufkochen. Sauerrahm unterrühren und mit Zitronensaft und reichlich Pfeffer abschmecken.

Busecca**
Tessiner Kuttelsuppe

1 Zwiebel · 2 Knoblauchzehen
2 EL Olivenöl · 3 Kartoffeln · 2 Rüebli
1/2 Sellerieknolle · 3 Tomaten · 1 Lauchstengel
500 g vorgekochte, in Streifen geschnittene Kutteln
Salz, Pfeffer · 1 Zweig Majoran
2 EL Tomatenmark · 1 1/4 l Fleischbrühe
Sbrinz

Zwiebel und Knoblauch fein hacken und im heißen Öl hellgelb rösten. Geschälte Kartoffeln, Rüebli, Sellerie und die ungeschälten Tomaten in Würfel, den geputzten Lauch in Ringe schneiden. Alles mit den Kutteln dazugeben und kurz dämpfen. Gewürze und Tomatenmark beigeben, vermischen, mit der Fleischbrühe aufgießen. Zugedeckt auf kleinem Feuer 30 Min. kochen. Sbrinz reiben und separat dazu servieren.

Eine sehr nahrhafte Spezialität, deren Rezept von Generation zu Generation weitergereicht wird.

Potage à la semoule vaudois*

Waadtländer Grießsuppe

60 g Butter · 1 Scheibe Weißbrot

30 g Grieß · 1 l Fleischbrühe

2 dl Milch · 2 Kopfsalatblätter

Salz, Pfeffer, Muskat

nach Belieben Käse, beispielsweise Gruyère

Das Brot in kleine Würfel schneiden und in der heißen Butter goldgelb rösten. Den Grieß beigeben, gut umrühren und mit der Fleischbrühe auffüllen. Die Milch und die in feine Streifen geschnittenen Salatblätter dazugeben. 30 Min. kochen lassen. Mit Salz, Pfeffer und wenig Muskat abschmecken. Geriebenen Käse separat dazu servieren.

Chindbettisuppe*
Kindbettsuppe

200 g altbackenes Weißbrot
60 g Butter · 1 1/2 l Hühnerbrühe
Salz, Muskat · 4 frische Eier
Petersilie

Brot samt Rinde in kleine Würfel schneiden. In der heißen Butter hellbraun rösten. Mit der Hühnerbrühe ablöschen und 10 Min. bei milder Hitze köcheln. Mit Salz und Muskat abschmecken. In 4 Suppenteller je 1 Ei aufschlagen, die Suppe darübergießen und mit gehackter Petersilie bestreuen.

Dieses Süppchen sollte Wöchnerinnen stärken. In der ganzen Schweiz gab es verschiedene Rezepte für Frauen im Kindbett. Frische Eier waren überall ein unverzichtbarer Bestandteil. Dieses Rezept stammt aus dem Berner Seeland.

Rosa Tschudi

Gastronomin,
»Mutter der Schweizer Küche«
Jahrgang 1924
Geboren in Schönenwerd

Wenn Sie zwei Wochen lang jeden Tag das gleiche essen müßten, wofür würden Sie sich entscheiden?	Kalbskopf mit Sauce Vinaigrette.
Auf welchen kulinarischen Luxus können Sie mühelos verzichten?	Hummer.
Was war Ihre Leibspeise in der Kindheit?	Lauchgemüse und Hackbraten.
Was sind für Sie die drei Grundbestandteile der ursprünglichen Schweizer Küche?	Qualitätsbewußtsein und -denken.
Hätten Sie nur eine ganz schmale Rente: Wovon würden Sie sich vor allem ernähren?	Brotsuppe.
Sinnlose Verschwendung: Woran denken Sie da im Bereich Essen und Trinken?	Speisen in den Abfallkübel werfen – da denke ich an die Hunger Leidenden.

Welches ist für Sie das beste klassische Gericht Ihrer Heimat?

Sauerbraten mit Kartoffelstock.

Was ist der schlimmste gastronomische Brauch des 20. Jahrhunderts?

Bestes Produkt kaputtkochen.

Bei welchem Essensduft werden Sie schwach?

Doppelte Kraftbrühe mit Mark.

Sie bereiten ein Liebesmenü für zwei, das sich auch ein Student oder Lehrling leisten könnte. Was gibt es zu essen, was gibt es zu trinken?

Hörnli mit Hackfleisch und natürlich »Yvorne« als Weißwein.

Welches Schweizer Gericht ist zu Unrecht vergessen?

Kutteln auf verschiedene Art zubereitet.

Wenn Sie in der Schweiz authentisch, einfach, gut und preiswert essen gehen wollen, wo gehen Sie hin?

In kleine gepflegte Landbeizen und in das Restaurant Witschi, Unterengstringen (grandios, authentisch, nicht billig, aber preiswert).

Minestrone Ticinese**
Tessiner Gemüsesuppe

100 g Borlottibohnen
2 Rüebli · 1 großes Stück Knollensellerie
1 Lauchstengel · 2 Zwiebeln
2 EL Olivenöl · 3 Knoblauchzehen
4 Tomaten · 1/2 Wirz · 2 l Fleischbrühe
2 Zweige Majoran · Salz, Pfeffer
Sbrinz

Die Bohnen ca. 8 Std. in kaltem Wasser einweichen, dann abtropfen lassen. Rüebli, Sellerie und Lauch putzen und in mundgerechte Stücke schneiden. Olivenöl erhitzen, Zwiebeln darin glasig dünsten, Knoblauch dazupressen, Borlottibohnen, Gemüse und Majoran zugeben und kurz mitdämpfen. Mit Fleischbrühe auffüllen und 30 Min. köcheln lassen. Wirz in grobe Stücke schneiden, Tomaten kurz in siedendes Wasser tauchen, häuten, entkernen und ebenfalls in grobe Stücke teilen. Wirz und Tomaten in die Suppe geben und sie weitere 30 Min. köcheln lassen. Majoranzweige entfernen, mit Salz und Pfeffer abschmecken und mit geriebenem Sbrinz servieren.

Tessiner Gemüsesuppe wird in großer Runde gegessen, das Rezept ist deshalb für 8 Personen gedacht. Wenn weniger Esser da sind, kein Problem: Diese Suppe schmeckt aufgewärmt wunderbar.

Schoppa da giotta**

Bündner Gerstensuppe

2 Zwiebeln
1 Lauchstengel · 3 Rüebli · 1/2 Sellerieknolle
75 g Bündnerfleisch (Endstück)
75 g Rohschinken (Endstück)
2 EL Butter · 100 g Rollgerste (Graupen)
2 EL Mehl · 2 l Fleischbrühe
Salz, Pfeffer · 2 Eigelb
2 dl Rahm

Die Zwiebeln fein hacken, Gemüse, Fleisch und Schinken in feinste Würfel schneiden und in der Butter andünsten. Die Gerste dazugeben und kurz mitdünsten. Mit Mehl bestäuben und mit der Brühe aufgießen. 1 1/2 Std. köcheln lassen, öfters abschäumen. Die Eigelb mit dem Rahm verquirlen, den Topf vom Feuer nehmen und die Mischung in die Suppe schwingen. Abschmecken.

Da diese Wintersuppe aufgewärmt noch besser schmeckt, sind die Zutaten für 8 Personen berechnet.

Innerschwiizer Chäässuppe**

Innerschweizer Käsesuppe

50 g Butter · 50 g Mehl

6 dl Wasser · 6 dl Milch · Salz, Pfeffer

1 TL Kümmel · 150 g Innerschweizer Bergkäse

1 Bund Schnittlauch

Das Mehl langsam in der heißen Butter leicht rösten. Unter ständigem Rühren das Wasser und die Milch beifügen. Mit Salz, Pfeffer und Kümmel würzen und 45 Min. zugedeckt köcheln lassen. Dazwischen immer wieder umrühren.

Den Bergkäse grob reiben, den Schnittlauch in Röllchen schneiden. Beides in vier Suppenteller verteilen und mit der Suppe übergießen.

La soupe au gruyère**
Greyerzer Käsesuppe

750 g Greyerzer Käse (Gruyère)
750 g Weißbrot · 9 dl Milch · 1/2 l Fleischbrühe
1 dl Weißwein · Pfeffer, Salz, geriebene Muskatnuß
80 g Butter · 2 Zwiebeln

Das Brot in kleine Stücke schneiden. In knapp der Hälfte der Butter leicht anrösten, mit Weißwein, Milch und Fleischbrühe ablöschen und aufkochen. Den geriebenen Käse beifügen, würzen und umrühren. Diese Masse in eine Gratinform füllen, mit Butterflocken bestreuen und ca. 10 Minuten im auf 220 ° C vorgeheizten Ofen überbacken.
Die Zwiebeln in Ringe schneiden, in der restlichen Butter rösten und das Gericht damit dekorieren. In Suppenteller verteilen und auslöffeln.

Die Zutaten verraten, daß dieses Gericht eine währschafte (d.h. nahrhafte, kräftige), eigenständige Mahlzeit ist, die früher gerne von Sennen auf der Alp gegessen wurde.

Eisser Armesuppe*
Inser Armensuppe

1 Zwiebel · 1 EL Butter
60 g Rollgerste · 1 Speckschwarte
1 1/2 l Wasser · 4 Rüebli · 2 Lauchstengel · 1 kleine Sellerieknolle
1 kleiner Wirz · 2 Kartoffeln
Salz, Muskatnuß

Die gehackte Zwiebel in der heißen Butter andünsten, die Rollgerste dazugeben und weiterdünsten. Speckschwarte und Wasser beifügen und 1 Std. kochen lassen. Die Gemüse putzen und in mundgerechte Stücke schneiden. Alles zur Suppe geben und weitere 45 Min. köcheln. Abschmecken mit Salz und geriebener Muskatnuß.

Das Dorf Ins (Eiss) im bernischen Seeland versorgte seine armen Bewohner um die Jahrhundertwende mit einer kräftigen Suppe und einem Stück Brot.

Wollishofer Chnödelsuppe**

Knödelsuppe

1 EL Butter · 1 EL Petersilie

100 g Champignons · 200 g Kalbsbrät

1 Ei · 1,2 l Fleischbrühe · 1 Rüebli · 1 Lauchstengel

1/2 Sellerieknolle · etwas Liebstöckel

Die feingehackte Petersilie in der heißen Butter durchdünsten. Die kleingehackten Champignons zufügen und mitdünsten, bis der Pilzsaft verdampft ist. Auskühlen lassen. Mit Kalbsbrät und dem Ei gut vermischen und haselnußgroße Kugeln formen.

Salzwasser aufkochen und die Knödel darin 5 Min. pochieren. Herausheben.

Das Gemüse und den Liebstöckel in ganz feine Streifen schneiden, die Fleischbrühe aufkochen und die Gemüse darin ca. 15 Min. kochen lassen. Die Knödel einlegen und heiß werden lassen.

Wollishofen ist ein Stadtteil von Zürich. Im früheren Dorf Wollishofen wurde diese Suppe an Festtagen gekocht.

Appezöller Chemisuppe*
Appenzeller Kümmelsuppe

2 EL Butter · 1 Zwiebel

2 EL Kümmel · 1,2 l Fleischbrühe · 2 Scheiben Weißbrot

1/2 Bund Schnittlauch

Die feingehackte Zwiebel und den Kümmel in der Hälfte der Butter andämpfen. Mit der heißen Brühe aufgießen und ca. 15 Min. leicht kochen lassen.
Das Brot in kleine Würfel schneiden und in der restlichen Butter goldbraun rösten.
Den in Röllchen geschnittenen Schnittlauch in die Suppe geben. Die Brotwürfel separat dazu servieren.

Schoppa d'urtias cun charn cruja e megl*

Brennesselsuppe mit Bündnerfleisch und Hirse

2 EL Butter · 1 kleine Zwiebel
1/2 Lauchstengel · 1 Rüebli · 1/2 Sellerieknolle
50 g Bündnerfleisch · 50 g Hirse · 1 l Fleischbrühe
1/4 l Rahm · 1 Eigelb · Salz, Pfeffer, Muskat
1 Handvoll junge Brennesselblätter

Zwiebel fein hacken, Gemüse putzen und in feinste Streifen, Bündnerfleisch in winzige Würfel schneiden. Alles mit der Hirse in der heißen Butter andünsten. Die Brühe dazugießen und ca. 15 Min. köcheln lassen. Die Hälfte des Rahms zufügen. Den Rest mit dem Eigelb aufschlagen. Die Suppe vom Feuer nehmen, die Rahm-Eigelbmasse kräftig darunterschlagen. Abschmecken und die Brennesselblättchen unterrühren.

Im Engadin bereitete man am Ende des Winters diese Suppe mit den restlichen Vorräten und dem allerersten Grün.

Grüendonschtigsuppe**
Gründonnerstagssuppe

1 Rüebli · 1/2 Sellerieknolle
2 Lauchstengel · 1,2 l Wasser · 4 EL Butter · 1 EL Mehl
2 Scheiben Weißbrot · 1 Handvoll Spinat · 1 Bund Sauerampfer
1/2 Bund Bärlauch · 6 Kopfsalatblätter · 1/2 Bund Kerbel
1/2 Bund Petersilie · 1 kleine Zwiebel · 1/2 Bund Schnittlauch
1 Knoblauchzehe · Salz, Pfeffer, Muskat
1 Eigelb · 2 EL Rahm

Rüebli, Sellerie und Lauch putzen und in nicht zu kleine Stücke schneiden. Ins kalte Wasser geben, aufkochen und 30 Min. weiterkochen lassen. Das Brot in kleine Würfel schneiden und in der Hälfte der Butter goldgelb rösten. Die Gemüsebrühe durch ein Sieb streichen.

Das Mehl in der restlichen Butter 3 Min. dünsten; es soll keine Farbe annehmen. Unter ständigem Rühren die Gemüsesuppe darübergießen. Aufkochen. Spinat, Sauerampfer, Bärlauch und Salatblätter in feine Streifen schneiden. Kerbel, Petersilie und Zwiebel fein hacken. Schnittlauch in Röllchen schneiden. Alles in die Suppe geben, Knoblauch dazupressen. Mit Salz, Pfeffer und Muskat würzen.

Eigelb mit dem Rahm verquirlen, in die Suppe rühren; nicht mehr kochen lassen. Die Suppe über die gerösteten Brotwürfelchen gießen.

Es ist ein alter Irrtum, der Gründonnerstag habe mit »grün« zu tun. Daraus hat sich vielerorts der Brauch entwickelt, an diesem Tag ein Gericht mit dem ersten frischen Grün des Jahres zu kochen, obwohl der Gründonnerstag seinen Namen von Greinen hat – vom Weinen.

Chappeler Milchsuppe*
Kappeler Milchsuppe

3 EL Butter · 6 Scheiben Weißbrot

1,2 l Milch · 2 EL Hafermehl oder Weißmehl

4 Eigelb · Salz

Die Brotscheiben klein würfeln und in der heißen Butter goldgelb rösten. Herausnehmen und auf Küchenpapier entfetten, dann in eine Suppenschüssel geben. Milch aufkochen und mit Salz würzen. Mehl und Eigelbe gut verklopfen, in die heiße Milch geben und knapp vors Kochen bringen. Die Suppe über die Brotwürfel gießen.

Diese Suppe versöhnte zum Ende des Kappeler Krieges (1529) die Soldaten der fünf katholischen Innerschweizer Orte mit den reformierten Zürchern. Trotz dieser Friedenssuppe ging der Krieg 1531 weiter; er endete mit einer Zürcher Niederlage und kostete den Reformator Zwingli das Leben.

Pierschuumsuppe*

Bierschaumsuppe

2 Scheiben Weißbrot
2 EL Butter · 1 l helles Bier · 1/2 l Fleischbrühe
4 EL Rosinen · 2,5 dl Rahm · 2 Eigelb
Salz, Pfeffer · Zimt
Cayennepfeffer

Die Brotscheiben klein würfeln, in der heißen Butter golden rösten und auf Küchenkrepp entfetten.
Bier und Brühe aufkochen und um ein Drittel einkochen lassen. Rosinen beifügen. Rahm und Eigelbe verquirlen, in die Suppe gießen und kräftig mit dem Schneebesen schlagen, bis eine dickliche Masse entsteht. Nicht kochen. Mit Salz, Pfeffer, etwas Zimt und Cayennepfeffer pikant abschmecken.
Die Brotwürfel leicht mit Zimt bestäuben und separat zur Suppe servieren.

CHRÜÜTERSUPPE*
Kräutersuppe

3 Bund gemischte Gartenkräuter
2 Rüebli · 1/2 Sellerieknolle · 1,2 l Fleischbrühe
150 g Suppennudeln

Die Kräuter hacken, das Gemüse putzen und fein schneiden. In der Brühe 1 Std. leicht köcheln lassen. Durch ein Sieb streichen, erneut aufkochen. Die Nudeln darin weichkochen (ca. 8 Min.).

Lötschentaler Linsensuppe**

200 g Linsen · 2 l Wasser

1 Lauchstange · 1 Zwiebel · 1 EL Bratbutter

400 g geräuchertes Rippli oder Speck · 4 große Kartoffeln

1 dl Fendant aus dem Wallis oder ein anderer trockener Weißwein

1 Prise Thymian · 1 Prise Bohnenkraut

1/2 Bund Petersilie

Die Linsen über Nacht in 2 l kaltem Wasser einweichen.
Lauch und Zwiebel hacken und in der Bratbutter kurz andünsten; die Linsen samt Einweichwasser, Rippli oder Speck und den geschälten, kleingeschnittenen Kartoffeln dazugeben. Aufkochen und zugedeckt auf kleinem Feuer ca. 1 Std. köcheln.
Das Fleisch herausnehmen, die Suppe durch ein Sieb streichen oder mit dem Mixstab pürieren. In den Topf zurückgeben und mit dem Wein, Thymian und Bohnenkraut würzen. Das Fleisch in mundgerechte Stücke schneiden und zurück in die Suppe geben. Nochmals erhitzen und mit gehackter Petersilie bestreuen.

Das Lötschental ist ein Seitental des Walliser Rhonetals, wo trotz Lötschbergtunnel und -bahn alte Bräuche bewahrt werden.

Späcksalat*

Kopfsalat mit heißem Speck

150 g Räucherspeck
2 Kopfsalate · Salz, Pfeffer · 2 EL Senf
3 EL Weißweinessig
1 Knoblauchzehe

Den kleingewürfelten Speck in einer Bratpfanne auf mäßigem Feuer braten, zwischendurch immer wieder die Pfanne rütteln. Aus Salz, Pfeffer, Senf und Essig eine sämige Sauce rühren, die Knoblauchzehe schälen, hacken und dazugeben.
Die gewaschenen und gut abgetropften Salatblätter in fingerbreite Streifen schneiden und in die Sauce legen. Den Speck samt Fett ganz heiß über den Salat gießen. Gut umrühren und sofort servieren.
Kräftiger schmeckt der Salat mit Lattich anstelle von Kopfsalat.

Zibelesalat*
Zwiebelsalat

6 große Zwiebeln · 3 EL Butter
2 EL Sonnenblumenöl · Salz, Pfeffer
2 EL Weißweinessig · 1 TL Senf
1/2 Bund Petersilie

Die Zwiebeln schälen und in nicht zu dünne Ringe schneiden. Die Butter und das Öl in einer Bratpfanne erhitzen. Die Zwiebelringe geduldig auf mittlerem Feuer dünsten. Sie müssen gar sein und eine gelbliche Farbe aufweisen. Die Ringe herausnehmen und auf Küchenkrepp abtropfen lassen.
Aus Salz, Pfeffer, Essig und Senf eine Sauce rühren. Die noch warmen Zwiebeln daruntermischen und mit gehackter Petersilie bestreuen.

Wuurscht-Chääs-Salat*
Wurst-Käse-Salat

4 Cervelas, Chlöpfer, Stumpen, Schützenwürste
oder 600 g Lyonerwurst · 150 g Tilsiter Käse · 1 große Zwiebel
3 Essiggurken · 1 EL Senf · Salz, Pfeffer
4 EL Weißweinessig · 8 EL Sonnenblumenöl
1/2 Bund Schnittlauch

Die Würste häuten und in dünne Scheiben oder Streifen schneiden. Den Käse klein würfeln oder in schmale Streifen schneiden. Essiggurken und Zwiebel mittelfein hacken. Alles in eine Schüssel geben.
Aus Senf, Salz, Pfeffer, Essig und Öl eine Salatsauce rühren. Über den Salat gießen. Gut mischen. 30 Min. bei Zimmertemperatur ziehen lassen. Nochmals durchmischen und mit Schnittlauchröllchen bestreuen.

Dieser Salat war bis vor wenigen Jahren der Stolz jedes einfachen Beizers (Wirts). Heute gießen die meisten von ihnen aus lauter Bequemlichkeit Fertigsauce darüber, was dem Salat den Reiz des Selbstgemachten nimmt.

Appezöller Chäässalot*
Appenzeller Käsesalat

2 EL Weißweinessig
6 EL Sonnenblumenöl · Pfeffer
300 g Appenzeller Käse · 1 große Zwiebel
1 Bund Schnittlauch

Aus Essig, Peffer und Öl eine Sauce rühren. Den Käse in feinste Scheibchen schneiden. Die Zwiebel schälen, ganz fein hacken und zusammen mit dem Käse in die Sauce geben. Feine Schnittlauchröllchen dazugeben und gut vermischen. 1 Std. ziehen lassen, ab und zu umrühren.

Ochsemuulsalat*
Ochsenmaulsalat

400 g gekochtes Ochsenmaul, in dünne Scheiben geschnitten
4 Essiggurken · 2 Tomaten · Salz, Pfeffer
1 EL Senf · 5 EL Weißweinessig · 2 EL Öl · 1 große Zwiebel
1/2 Bund Petersilie · 1 Bund Schnittlauch

Die Ochsenmaulscheiben in 1 cm breite Streifen schneiden, die Essiggurken in dünne Scheibchen, die Tomaten in schmale Schnitze.
Salz, Pfeffer, Senf, Essig und Öl zu einer Sauce vermischen, die Zwiebel schälen, fein hacken und ebenfalls zur Sauce geben. Die feingehackte Petersilie und den in Röllchen geschnittenen Schnittlauch mit dem Ochsenmaul, den Gurken und den Tomaten zur Sauce geben. Sehr gut umrühren und mindestens 1 Std. ziehen lassen.

Dieser Salat soll sauer schmecken.

La salade de céleri valaisanne*

Walliser Selleriesalat

5 getrocknete Aprikosen · 400 g Knollensellerie
2 EL Zitronensaft · 150 g Raclette-Käse · 1 EL Senf
Salz, Pfeffer · 3 EL Weißweinessig
2 EL Öl · 1 dl Rahm

Die Aprikosen über Nacht in lauwarmes Wasser legen. Abtropfen lassen und in schmale Streifchen schneiden. Den Sellerie waschen, schälen, raspeln oder in dünne Scheiben hobeln und diese stifteln. Sofort mit dem Zitronensaft vermischen. Den Käse in feine Streifchen schneiden. Aus Senf, Salz, Pfeffer, Essig, Öl und Rahm eine sämige Sauce rühren. Alles sorgfältig vermischen.

Der untere, französischsprachige Teil des Kantons Wallis ist das größte Aprikosenanbaugebiet der Schweiz.

Chabissalat**

Krautsalat nach Bauernart

1 mittelgroßer Weißkabis
Salz, Pfeffer · 1 Prise Zucker · 1 EL Senf
1 EL Kümmel · 4 EL Weißweinessig
2 EL Sonnenblumenöl · 1/2 dl Fleischbrühe
1 EL Butter · 100 g Räucherspeck

Den Kabis vierteln, den Strunk entfernen und die Viertel in feine Streifen schneiden. 2 Min. in kochendem, leicht gesalzenem Wasser blanchieren und in einem Sieb abtropfen lassen.
Aus Salz, Pfeffer, Zucker, Senf, Kümmel, Essig und Öl eine Salatsauce rühren. Den Kabis dazugeben und mischen. 30 Minuten bei Zimmertemperatur stehen lassen.
Den Speck in kleine Würfel oder Streifchen schneiden und in der heißen Butter rösten.
Die Fleischbrühe erhitzen, über den Salat gießen. Nochmals gründlich mischen. Speck samt Fett über den Salat verteilen.

La salade de pommes de terre chaudes**

Warmer Kartoffelsalat aus der Westschweiz

1 Zwiebel · 4 EL Öl · 1 kg Kartoffeln
1 dl Weißwein · 1/2 l Fleischbrühe
1 dl Rahm · 4 Essiggurken
3 EL Weißweinessig · Salz, Pfeffer
1/2 Bund Petersilie

Die Zwiebel fein hacken und im heißen Öl in einer Bratpfanne glasig werden lassen. Die Kartoffeln schälen, in Scheiben schneiden, beifügen und unter Wenden ebenfalls kurz andünsten. Wein dazugießen, leicht einkochen lassen. Mit der Brühe ablöschen und die Kartoffeln weich kochen; sie sollen noch etwas Biß haben. Den Rahm, die kleingehackten Gurken und den Essig zugeben. 2 Min. ziehen lassen. Abschmecken mit Salz und Pfeffer. Mit gehackter Petersilie bestreuen und sofort servieren.
Dazu passen heiße Würstchen.

FRITURE DE LAC*
Kleine gebackene Süßwasserfische

500 g ganz kleine Süßwasserfischchen,
z.B. Egli (Barsch) oder Albeli (Felchen)
Salz, weißer Pfeffer · 3 dl Milch · 100 g Mehl
Öl zum Fritieren · 2 Zitronen

Die Fischchen nicht ausnehmen, aber gut waschen und auf Küchenkrepp trocknen. Mit Salz und weißem Pfeffer beidseitig würzen. Zuerst durch die Milch ziehen und abtropfen. Dann im Mehl wenden und im 180° C heißen Fritieröl hellgelb ausbacken. Auf Küchenkrepp abtropfen lassen. Sofort mit Zitronenvierteln servieren.

Les truites du Doubs**
Doubs-Forellen

4 Forellen, fertig ausgenommen

Salz, Pfeffer · 4 Petersilienzweige · 1 Zwiebel

2 dl Rotwein · 150 g Butter

Die Forellen innen und außen mit Salz und Pfeffer würzen und mit der gehackten Petersilie füllen. Die Zwiebel schälen, fein hacken und in eine flache Fischpfanne streuen. Die Forellen nebeneinander auf die Zwiebeln legen. Den Rotwein darübergießen, auf den Siedepunkt bringen. Dann den Wein mit einem Streichholz anzünden und brennen lassen, bis das Feuer von selbst erlischt. Zudecken und auf kleinem Feuer langsam durchziehen lassen.
Die Fische aus dem Sud nehmen und bei 70° C im Ofen warmstellen.
Den restlichen Sud etwas einkochen, durch ein Haarsieb geben und die weiche Butter unter kräftigem Rühren beifügen. Eventuell nachwürzen und die Sauce über die Forellen gießen.

Der Doubs ist ein Grenzfluß zu Frankreich. Ungewohnt ist die Kombination Fisch/Rotwein.

Eglifilets nach Zürcher Art**

750 g Eglifilets · Salz, weißer Pfeffer
1/2 Zitrone · 2 kleine Zwiebeln
2 1/2 dl Weißwein · 120 g Butter · 1 TL Mehl
je 1 Zweig Estragon, Kerbel, Majoran, Thymian, Petersilie
1 Salbeiblatt · 1 Knoblauchzehe
1 Eigelb · 4 EL Rahm

Die Eglifilets mit Salz, Pfeffer und dem Saft der halben Zitrone marinieren. In eine mit 20 g Butter ausgestrichene Gratinform schichten. Mit den geschälten, feingehackten Zwiebeln bestreuen, den Wein darübergießen. Im vorgeheizten Ofen bei 250° C 10 Min. schmoren.
100 g weiche Butter mit den feingehackten Kräutern und Knoblauch, mit Mehl, Rahm und Eigelb schaumig rühren. Pfeffern und salzen. Die Mischung über die Fische geben, dabei die Gratinform mehrmals hin- und herschwenken, damit sich die Buttermischung mit dem Wein leicht bindet. Unterhitze ausschalten und bei 250° C Oberhitze 5–7 Min. fertig garen.

Egli gehören zur Familie der Barsche.

Gschwellti mit Chäs*

Pellkartoffeln mit Käse

Pro Person

4 mittelgroße Kartoffeln · 1 Birne

2–6 Sorten Käse von weich bis hart (ca. 150 g)

Salz · Butter · Zwetschgenkonfitüre

Kartoffeln mit der Schale zugedeckt in wenig Salzwasser weichkochen. In ein mit einer großen Serviette ausgelegtes Körbchen legen und zudecken. Käse und Birnen auf einem Holzbrett arrangieren.

Jeder schält sich seine Kartoffeln selbst (oder ißt sie mit der Schale), bestreicht die Happen mit Butter, streut Salz drauf oder tunkt sie in die Konfitüre. Dann kommt ein Stück Käse, ein Birnenschnitz. Und so fort.

Eierrööschti, Vogelhöi*
Eier-Brot-Speise

300 g altbackenes Weißbrot
4 Eier · 2 dl Milch · Salz, weißer Pfeffer
Muskatnuß · 2 dl Milch
2 EL Butter

Das Brot in dünne Scheibchen schneiden. Die Eier mit der Milch verklopfen und kräftig mit Salz, Pfeffer und etwas geriebener Muskatnuß würzen.
In einer Bratpfanne die Butter erhitzen und das Brot darin hellbraun rösten. Die gewürzte Eiermilch darübergießen und mit einem Holzlöffel so lange umrühren, bis die Eimasse schön flockig ist.
Als Beilage am einfachsten und am geeignetsten: Kopf- und Tomatensalat.

Ein sehr typischer Znacht in der Deutschschweiz. Traditionell gibt es dazu Milchkaffee.

Maluns*
Kartoffelschmarrn

1 kg Kartoffeln

300 g Mehl · 150 g Butter

Salz, Pfeffer

Die Kartoffeln als Gschwellti zubereiten (s. S. 66) und 2 Tage bei Zimmertemperatur stehen lassen.
Kartoffeln schälen und auf der Röstiraffel in eine tiefe Schüssel reiben.
Das Mehl dazugeben. Salzen und pfeffern. Alles von Hand gut mischen.
In einer großen Bratpfanne (wenn möglich aus Eisen) 100 g Butter erhitzen und die Kartoffel-Mehl-Masse unter ständigem Rühren rösten. Es braucht Geduld! Am Schluß müssen sich kleine goldene Klümpchen gebildet haben. Die restliche Butter in Flöckchen darunterrühren und sofort servieren.
Stilecht ißt man Apfelmus und ein Stück Bündner Bergkäse dazu.

Ein Arme-Leute-Essen aus dem Kanton Graubünden.

Rispor*
Lauchreis

1 Zwiebel
1 kg Lauch · 100 g Butter
300 g Risotto-Reis (Arborio oder Vialone)
1 dl Weißwein · 9 dl Hühnerbrühe
100 g Urner Bergkäse oder Sbrinz
Salz, schwarzer Pfeffer

Die Zwiebel schälen und hacken und in der Hälfte der Butter andünsten. Den geputzten und gewaschenen Lauch in ca. 1 cm dicke Ringe schneiden, dazugeben, gut umrühren und mitdünsten. Mit dem Weißwein ablöschen; einkochen lassen. Heiße Brühe dazugießen und ca. 3 Min. kochen lassen. Den Reis hinzufügen, aufkochen lassen und gut umrühren. Auf kleinstem Feuer zugedeckt ca. 20 Min. köcheln lassen.
Den geriebenen Käse und die restliche Butter daruntermengen. Mit Salz und Pfeffer nachwürzen.

Der Ausdruck Rispor aus dem Urnerland stammt vom italienischen riso für Reis und porro für Porree, Lauch. Schon früh lieferten die Urner Käse nach Italien und erhielten dafür unter anderem Reis. Als Hunderte von Italienern am Bau des Gotthard-Eisenbahntunnels (1872–1882) beteiligt waren, brachten sie ihre eigenen Rezepte mit – womöglich auch dieses.

Chachelimues*
Eier-Käse-Gericht

4 dl Rahm · 2 dl Sauerrahm

6 Eier · 250 g Greyerzer Käse · Salz, weißer Pfeffer

Butter für die Gratinform

Alle Zutaten sehr gut verrühren, salzen und kräftig pfeffern. In eine ausgebutterte Gratinform geben. Im vorgeheizten 220° C heißen Ofen ca. 15 Min. backen, bis das Chachelimues goldgelb und fest ist.
Salat gehört dazu.

Der Name dieses alten Zürcher Rezeptes stammt von Chacheli, womit eine Tasse gemeint war. Die Zutaten wurden früher tassenweise angegeben, zwei Chacheli Käse beispielsweise.

Älplermagrone**
Makkaronigericht mit Käse

1,2 l Milch · 1 EL Salz
400 g große Hörnli oder kurze Makkaroni
150 g Bergkäse · 3 große Zwiebeln
4 Knoblauchzehen
100 g Butter

Die Milch mit dem Salz aufkochen, die Teigwaren hineingeben und unter öfterem Rühren weich kochen. Die Hörnli saugen dabei einen Großteil der Milch auf. Den ganzen Pfanneninhalt in eine feuerfeste ausgebutterte Form geben. Den geriebenen Käse dazwischen streuen. Die Form ca. 10 Min. in den auf 180° C vorgeheizten Ofen schieben, damit der Käse schön schmilzt.
Die Zwiebeln und den Knoblauch schälen und in Ringe bzw. Scheibchen schneiden und in der heißen Butter rösten. Über das fertige Gericht verteilen.
Dazu Ankestückli (gekochte Apfelstücke, s. S. 195) reichen.
Wer mag, mischt unter die gekochten Hörnli 2–3 am Vortag gekochte, geschälte und kleingewürfelte Kartoffeln.

Magrone bedeuten Makkaroni. So viele Sennen es in der Innerschweiz einmal gab, so viele Rezepte für Älplermagrone existieren. Der häufigste »Streitpunkt«: Mit oder ohne Kartoffeln?

André Stutz

Seidenfabrikant
Jahrgang 1948
Geboren in Embrach/Zürich

Wenn Sie zwei Wochen lang jeden Tag das gleiche essen müßten, wofür würden Sie sich entscheiden?
Kartoffeln mit Salat.

Auf welchen kulinarischen Luxus können Sie mühelos verzichten?
Kaviar.

Was war Ihre Leibspeise in der Kindheit?
Kartoffelstock.

Was sind für Sie die drei Grundbestandteile der ursprünglichen Schweizer Küche?
Kartoffeln, Käse, Zwiebeln.

Hätten Sie nur eine ganz schmale Rente: Wovon würden Sie sich vor allem ernähren?
Von Gemüsesuppe und Salaten.

Sinnlose Verschwendung: Woran denken Sie da im Bereich Essen und Trinken?
Crevetten aus Thailand, Spargel aus Südafrika, Himbeeren aus Chile, Mineralwasser aus dem Ausland.

Welches ist für Sie das beste klassische Gericht Ihrer Heimat?	Geschnetzeltes Kalbfleisch mit Rösti.
Was ist der schlimmste gastronomische Brauch des 20. Jahrhunderts?	Nouvelle Cuisine.
Bei welchem Essensduft werden Sie schwach?	Knoblauch dünsten.
Sie bereiten ein Liebesmenü für zwei, das sich auch ein Student oder Lehrling leisten könnte. Was gibt es zu essen, was gibt es zu trinken?	Käsekuchen und St. Saphorin.
Welches Schweizer Gericht ist zu Unrecht vergessen?	Älplermagronen ... aber ich hab sie nicht vergessen!
Wenn Sie in der Schweiz authentisch, einfach, gut und preiswert essen gehen wollen, wo gehen Sie hin?	Zu mir nach Hause.

Risotto alla Ticinese*
Tessiner Reis mit Rotwein

1 kleine Zwiebel · 4 EL Butter
300 g Risotto-Reis (Arborio oder Vialone)
2 dl Rotwein · 4 dl Hühnerbrühe
Salz, schwarzer Pfeffer
50 g Sbrinz

Die Zwiebel schälen und fein hacken und in der Hälfte der Butter andünsten. Den Reis beigeben und glasig dünsten. Mit dem Wein ablöschen. Einkochen lassen. Nach und nach die Brühe dazugießen. Immer wieder kräftig umrühren.
Nach ca. 18 Min. sollte der Risotto noch leicht körnig sein. Vom Feuer nehmen, den geriebenen Käse daruntermischen, zudecken und 3 Min. ziehen lassen. Kräftig mit Pfeffer und eventuell mit wenig Salz würzen.

Ämmitaler Eiervorässe
Sauceneier aus dem Emmental

8 Eier · 1 große Zwiebel
2 EL Butter · 2 EL Mehl · 2 EL Kräuteressig · 3 dl Milch
Salz, Pfeffer, Muskatnuß · 1 EL Senf · 1 dl Rahm
1/2 Bund Schnittlauch · 1/2 Bund Petersilie

Die Eier in 7 Min. wachsweich kochen, abschrecken, schälen. In eine vorgewärmte Schüssel legen und im ca. 70° C heißen Ofen warmhalten.
Die Zwiebel schälen und sehr fein hacken oder reiben. Die Butter erhitzen und die Zwiebeln kurz andünsten. Das Mehl dazugeben, gut rühren, mitdämpfen und mit dem Essig ablöschen. Den Topf vom Feuer nehmen, die Milch dazugießen und weiterrühren. Auf kleinem Feuer in ca. 10 Min. zu einer geschmeidigen Sauce kochen. Salz, Pfeffer, geriebene Muskatnuß, Senf und Rahm dazugeben. Nochmals aufkochen lassen und über die Eier gießen. Mit gehackter Petersilie und Schnittlauchröllchen bestreuen.
Die ideale Beilage dazu ist Kartoffelstock.

MILITÄÄRCHÄÄSSCHNITTE**
Militärkäseschnitten

360 g Käsereste (Greyerzer, Appenzeller, Tilsiter, Emmentaler)
120 g Mehl · Pfeffer, Salz, Paprika, Muskatnuß
1 Ei · 3,2 dl Milch · 1 kleine Zwiebel · 1 Knoblauchzehe
700 g Weißbrot · Bratbutter oder Öl zum Backen

Den Käse reiben und mit dem Mehl und den Gewürzen von Hand gut mischen. Das Ei mit der Milch aufschlagen und nach und nach dem Käsegemisch beigeben. Die geschälten, gehackten Zwiebeln und den ebenfalls geschälten und gehackten Knoblauch in wenig heißem Öl andünsten, etwas abkühlen lassen und ebenfalls beigeben. Die Masse sehr gut mischen und 3 Std. ruhen lassen.
Das Brot in ca. 1 cm dicke Scheiben schneiden und auf der einen Seite 1/2 cm dick mit der Käsemischung bestreichen. Die Käseschnitten im heißen Fett mit der bestrichenen Seite nach unten backen. Auf einem Gitter abtropfen lassen.

Nach diesem Rezept bereiten die Küchenchefs der Schweizer Armee eine sättigende Mahlzeit für ihre wehrhaften Mannen. Grüner Salat gehört dazu, der vom selben Teller gegessen wird.

APPEZÖLLER CHÄÄSHAPPECH**
Appenzeller Käsehappen

150 g Appenzeller Käse

2 dl Milch · 2 dl Bier · 250 g Mehl · 4 Eier

Öl oder Bratbutter zum Ausbacken

Den Käse reiben und mit der Milch langsam erhitzen, bis eine cremige Masse entsteht. Auskühlen lassen. Mit dem Bier und dem Mehl glattrühren und ein Ei nach dem andern dazugeben und gut unterrühren. Es entsteht ein dickflüssiger Teig.

Öl oder Bratbutter auf 180° C erhitzen. Den Teig portionsweise durch einen Trichter mit mittlerer Öffnung mit kreisender Handbewegung in die Fritüre fließen lassen. Die gut untertassengroßen Gebilde beidseitig goldbraun backen und auf Küchenkrepp gut abtropfen lassen. Heiß servieren.

Die übriggebliebenen Ausbackreste ergeben eine originelle Fleischbrüheneinlage.

Ungewöhnlicher Imbiß, der gerne zu einem Glas Wein oder Bier gegessen wird. Mit Salat aber auch ein einfaches Abendessen.

Ramequin*
Käseauflauf

250 g Weißbrot

1 1/2 dl Weißwein · 250 g Greyerzer Käse

1 EL Butter · 3 Eier · 4 dl Milch

Salz, Pfeffer, Muskat

Den Ofen auf 250° C vorheizen. Das Brot in 1/2 cm dicke Scheiben schneiden. Auf ein Backblech legen und 5 Min. in den heißen Ofen schieben. Herausnehmen und den Ofen auf 190° C zurückstellen. Die Brotscheiben mit Weißwein beträufeln und abwechselnd mit Käsescheiben ziegelartig in eine ausgebutterte Gratinform schichten.
Die Eier mit der Milch verklopfen, salzen, pfeffern und mit Muskat würzen und die Eiermilch über Brot und Käse gießen.
Auf der zweituntersten Rille 30 Min. backen.
Eine gute Ergänzung ist grüner Salat.

Ramequin bedeutet kleine Auflaufform. In der Westschweiz wird dieser Auflauf auch in ofenfesten Portionsförmchen zubereitet.

Chääsplätzli*
Käse-Brot-Schnitzel

350 g altbackenes Weißbrot
250 g Emmentaler Käse · 3/4 l Milch · Salz, Pfeffer
1 Prise Muskatnuß · 1 Ei
Bratbutter

Das Brot in dünne Scheibchen schneiden, den Käse reiben. Beides abwechselnd in eine Schüssel schichten.
Die Milch mit Salz, Pfeffer und Muskatnuß würzen, kurz aufkochen und über die Brot-Käse-Mischung gießen. Mit einem Suppenteller oder Topfdeckel dicht abschließen bzw. leicht beschweren. Vollständig auskühlen lassen.
Die Masse auf ein Brett stürzen und in dicke Scheiben schneiden. Die Schnitzel ins verquirlte Ei tauchen und auf beiden Seiten in der Bratbutter goldgelb braten.
Verschiedene Salatsorten dazu servieren.

Maiskolben gratiniert*

4 große Maiskolben

Salz · 4 EL Butter · Pfeffer

100 g Parmesan

Die Maiskolben putzen und in viel Salzwasser 20–30 Min. weichkochen.
Gut abtropfen lassen und nebeneinander in eine ausgebutterte Gratinform legen. Die restliche Butter schmelzen und darübergießen. Pfeffern und mit dem geriebenen Parmesan bestreuen. In den auf 250° C vorgeheizten Ofen schieben und ca. 10 Min. überbacken.
Mit gemischtem Salat servieren.

Für dieses vegetarische Gericht verwenden die Tessiner Käse aus dem benachbarten Italien.

Seeländer Tomaate*
Gefüllte Tomaten gratiniert

8 mittelgroße Fleischtomaten
1 Zwiebel · 50 g Butter · 1 große frisch gekochte Kartoffel
100 g Greyerzer Käse (Gruyère) · 1 Bund Petersilie
1/2 Bund Schnittlauch · Salz, Pfeffer
ca. 1/4 l Fleischbrühe

Von den Tomaten einen Deckel abschneiden und sie aushöhlen. (Tomatenfleisch für eine Suppe oder Sauce verwenden.) Das Innere der Tomaten etwas salzen. Die Zwiebel fein hacken und in der Hälfte der Butter glasig dünsten. Kartoffel pellen und wie den Käse in kleinste Würfel schneiden. Gut mit der Zwiebel, der gehackten Petersilie und dem kleingeschnittenen Schnittlauch vermischen. Mit Salz und Pfeffer würzen. Diese Masse in die Tomaten füllen. Die übrige Butter in Flöckchen auf die gefüllten Tomaten verteilen.
Die Tomaten in eine Gratinform stellen, fingerhoch Fleischbrühe dazugießen. Etwa 20 Min. in der Mitte des auf 220° C vorgeheizten Backofens gratinieren, bis die Oberfläche hellgelb überbacken ist. Die Tomaten sollten keineswegs zerfallen. Grüner Salat ist die passende Beilage.

Schönes Sommergericht aus dem Gemüseanbaugebiet zwischen Bieler-, Neuenburger- und Murtensee.

Urner Häfelichabis**
Eintopf mit Lammfleisch und Weißkohl

600 g Lammfleisch von der Schulter, ohne Knochen
2 EL Butter · 2 Zwiebeln · 1 Lorbeerblatt · 1 Knoblauchzehe
1 Kabiskopf (gut 1 kg schwer) · Salz, Pfeffer, Muskatnuß
2 dl Fleischbrühe · 600 g Kartoffeln

Das Fleisch in mundgerechte Würfel schneiden und in der heißen Butter rundum anbraten. Aus der Bratpfanne nehmen. Die nicht zu fein geschnittenen Zwiebeln, den gehackten Knoblauch und das Lorbeerblatt in die Pfanne geben. Ebenso den vom Strunk befreiten, in grobe Streifen geschnittenen Kabis. Mehrmals wenden, die Fleischbrühe dazugießen. Würzen mit Salz, Pfeffer und geriebener Muskatnuß. Das Fleisch wieder dazugeben, zugedeckt 1 Std. köcheln lassen. Die geschälten, in Würfel geschnittenen Kartoffeln beifügen und weitere 30 Min. kochen. Nochmals abschmecken.
Nimmt man noch mehr Kabis, kann auf die Brühe verzichtet werden.

In der Urschweiz ist mit dem Häfeli der Topf gemeint, in dem das Gericht gegart wird.

's Köch*

8 dünne Scheiben Kochspeck · 8 Äpfel
400 g gepökeltes Schweinefleisch (Kasseler, Rippli)
800 g Kartoffeln · Salz

Einen Topf mit den Speckstreifen auslegen. Die Äpfel halbieren und aushöhlen (aber nicht schälen). Zusammen mit dem Fleisch auf den Speck legen, mit Wasser auffüllen, bis das Fleisch bedeckt ist. Den Topf gut zudecken und das Gericht ca. 1 Std. leicht kochen lassen. Die geschälten, ganzen Kartoffeln dazugeben, salzen und wiederum zugedeckt 30 Min. kochen. Das Fleisch in Scheiben schneiden und auf der Speck-Kartoffel-Apfel-Mischung anrichten.

Ein bäuerliches Gericht aus dem Glarnerland. Es bedeutet nichts anderes als Geköch, Kocherei.

Papet vaudois*
Waadtländer Laucheintopf

1 kg Lauch · 1 EL Butter
1 EL Schweineschmalz · 1 Zwiebel
500 g Kartoffeln · 2 dl Weißwein
1 dl Fleischbrühe · Salz, Pfeffer
1 große Saucisse au chou (Brühwurst mit Kabis, nur in der kühlen Jahreszeit erhältlich)
1 große Saucisse au foie (Brühwurst mit Leber, nur in der kühlen Jahreszeit erhältlich)

Den Lauch der Länge nach halbieren, waschen und in 4 cm lange Stücke schneiden. Butter und Schmalz erhitzen, die gehackte Zwiebel darin dünsten, den Lauch zugeben und mitdämpfen. Weißwein dazugießen und zugedeckt 15 Min. schmoren lassen. Die geschälten und gewürfelten Kartoffeln beifügen und mit der Fleischbrühe ablöschen. Mit Salz und Pfeffer würzen.
Die Würste mit einer Gabel einstechen und obenauf legen. Zugedeckt 30 Min. köcheln lassen. Die Würste in dicke Scheiben schneiden und auf dem Lauchgemüse anrichten.

Capuns***

Gefüllte Mangoldblätter

250 g Mehl · 3 Eier
1 dl Milch · 1 TL Salz
150 g Landjäger oder Bündner Salsiz
1 Zwiebel · 1 Bund Schnittlauch
1 Bund Petersilie · 40 Mangoldblätter
2 EL Butter · 1,5 dl Fleischbrühe
1,5 dl Rahm · Salz, Pfeffer
100 g Bündner Bergkäse oder Sbrinz
100 g Magerspeck · 80 g Butter

Mehl, Eier, Salz und Milch in einer tiefen Schüssel zu einem gleichmäßigen Teig rühren, bis er Blasen wirft. 30 Min. ruhen lassen.

Landjäger oder Salsiz schälen und in winzige Würfelchen schneiden. Zwiebel und Petersilie fein hacken, den Schnittlauch in feine Röllchen schneiden. Alles unter den Teig mischen.

Die Mangoldblätter 1–2 Sek. in viel kochendes Wasser werfen, herausheben, abtropfen lassen und auf einem Küchentuch ausbreiten. Auf jedes Blatt ca. 1 EL Teigmischung verteilen und sorgfältig aufrollen. Die Butter erhitzen und die Rollen rundum andünsten. Brühe und Rahm dazugießen, abschmecken und zugedeckt 15 Min. köcheln lassen.

Aus dem Sud heben, abtropfen lassen und auf einer heißen Platte anrichten. Den Sud etwas einkochen lassen und über die Capuns gießen. Den geriebenen Käse darüberstreuen. Den kleingewürfelten Speck in der Butter goldbraun braten und über das fertige Gericht geben.

Im Kanton Graubünden wird der Mangold häufig angebaut. Wer ihn nicht auftreiben kann, greift zu festen Frühlingsspinatblättern.

Aargauer Schnitz und Drunder*

Apfel-Kartoffel-Eintopf

200 gedörrte Apfelschnitze oder -ringe

1 EL Butter · 2 EL Zucker · 500 g magerer Räucherspeck

600 g Kartoffeln · Salz

Die Apfelschnitze 3 Std. knapp mit warmem Wasser bedeckt aufquellen lassen. Die Butter schmelzen, den Zucker darin hellbraun werden lassen. Die Apfelschnitze mit der Einlegeflüssigkeit dazugeben. Gut umrühren. Den Speck darauflegen. 30 Min. zugedeckt kochen lassen. Eventuell Wasser nachgießen. Die Kartoffeln schälen, vierteln, leicht salzen und zum Eintopf geben. Deckel wieder schließen; 20 Min. garen. Vor dem Servieren den Speck in 2 cm breite Stücke schneiden und auf das Gericht legen.

Herdöpfelpflute mit Öpfel**

Kartoffelklöße mit Äpfeln

1 kg Kartoffeln · 2 dl Milch

1 Ei · Salz, Pfeffer, Muskat · 70 g Butter

3 Äpfel · 2 EL Semmelbrösel

Die Kartoffeln schälen und in wenig Salzwasser zugedeckt weichkochen. Die Kartoffeln durch die Passiermaschine drücken oder sehr gut zerstampfen. Die Milch erhitzen, über den Kartoffelbrei gießen. Ei, Salz, Pfeffer und Muskat zufügen und gut verrühren. 1 EL Butter schmelzen. Mit zwei in diese flüssige Butter getauchten Eßlöffeln längliche Klöße von der Masse abstechen und nebeneinander auf einer vorgewärmten Platte anrichten. Mit Alufolie bedeckt im 70° C heißen Ofen warmstellen. Die Äpfel vom Kerngehäuse befreien und schälen. In kleine Würfel schneiden und in 1 EL Butter andämpfen. Über die Kartoffelnocken geben. Die restliche Butter hellbraun schmelzen, die Semmelbrösel darin rösten und auf den Pfluten verteilen.

Späckrüebli*

Möhreneintopf

1 kg Rüebli · 1 große Zwiebel

2 EL Butter · 600 g Räucherspeck · 3 dl Fleischbrühe

600 g Kartoffeln · Salz, Pfeffer

Rüebli schälen, längs halbieren, dann grob würfeln. Die Zwiebel grob hacken, in der heißen Butter andünsten. Rüebli dazugeben, umrühren und 2–3 Min. weiterdünsten. Den Speck in gut fingerdicke Scheiben schneiden und im Gemüse verteilen. Die Brühe dazugießen. Zudecken und 30 Min. köcheln lassen. Kartoffeln schälen, würfeln und unter Rüebli und Speck mischen. Mit Salz und Pfeffer würzen. Allenfalls wenig Brühe nachgießen. Zugedeckt weitere 30 Min. kochen.

Chääsherdöpfel*

Käsekartoffeln

8 mittelgroße Kartoffeln
Salz · 16 dünne Scheiben Frühstücksspeck
32 dünne Scheibchen Greyerzer Käse
1 EL Butter

Die Kartoffeln schälen und 10 Min. in kochendem Salzwasser halbweich garen. Etwas auskühlen lassen. Die Kartoffeln quer alle 3–5 mm so einschneiden, daß sie unten noch zusammenhalten (insgesamt 6 Einschnitte pro Kartoffel). Käse- und zusammengerollte Speckscheibchen in die Kartoffelspalten stecken; evtl. mit Zahnstochern befestigen.

Auf einem gebutterten Blech im vorgeheizten Backofen bei 220° C ca. 20 Min. backen. Evtl. nach ca. 10 Min. mit Folie abdecken.

Mit Tomatensalat servieren.

Lammeintopf

400 g Lammfleisch vom Hals oder von der Brust
250 gepökelter Schweinehals · 1 EL Öl · 1 kg grüne Bohnen
250 g Rüebli · Salz, Pfeffer · 3 Zweige Bohnenkraut
700 g kleine Kartoffeln

Das Fleisch in mundgerechte Stücke schneiden und im heißen Öl kurz anbraten. Die Bohnen putzen, die geschälten Rüebli in dicke Stücke schneiden und beides zum Fleisch geben. Mit Wasser bedecken. Salzen und pfeffern. Das Bohnenkraut darauflegen und aufkochen lassen. Die geschälten Kartoffeln dazugeben, leicht salzen, den Deckel schließen. 1 Std. leicht kochen lassen.

Spatz*

Fleisch-Gemüse-Eintopf

1 kg durchwachsenes Rindfleisch von der Brust

200 g Rüebli · 200 g Lauch · 200 g Knollensellerie · 200 g Kabis

3 Zwiebeln · 3 Lorbeerblätter · 5 Gewürznelken

Salz, Pfeffer, Muskat

Das Fleisch in grobe Würfel schneiden. In einem großen Topf 3 l Wasser aufkochen, Fleisch und Salz dazugeben und 40 Min. kochen. Mit der Schaumkelle öfters abschäumen.
Das Gemüse putzen, rüsten, waschen und in mundgerechte Stücke schneiden, zum Fleisch geben. Die Lorbeerblätter und die Gewürznelken in ein Mulltüchlein einbinden (oder in ein Tee-Ei geben) und beifügen. 40 Min. auf kleinem Feuer zugedeckt weiterkochen lassen.
Lorbeer und Nelken entfernen. Würzen mit Muskat, Pfeffer und Salz. Aus tiefen Tellern essen.

Das Lieblingsgericht der Schweizer Soldaten. Ob damit die Fleischportion gemeint ist, die für einen hungrigen Wehrmann zu klein sein könnte (Spatzenportion), oder ob der Wehrmann bei diesem Essen an seinen Schatz (Spatz) denkt – darüber weiß man selbst in der Militärverwaltung nicht Bescheid.

Cazzuola**

Urner Eintopf

800 g Rippli (Kasseler) oder Speck aus dem Salz
2 EL Butter · 1 große Zwiebel · 3 Knoblauchzehen · 1 Lauchstange
1 kleiner Kabis · 1/2 Sellerieknolle · 2 Rüebli · 2 dl Rotwein
2 dl Fleischbrühe · 4 große Kartoffeln
Salz, Pfeffer, Muskatnuß

Das Fleisch 2 Std. wässern, damit es ein wenig Salz verliert. Geputzten Lauch und Kabis in 2 cm breite Streifen schneiden. Sellerie schälen und in kleine Würfel schneiden. Rüebli schälen und scheibeln. Wasser abgießen, das Fleisch mit Küchenpapier trocknen und in Butter von allen Seiten anbraten. Die Zwiebel hacken und mit dem durchgepreßten Knoblauch dazugeben. Umrühren, dann die Gemüse zugeben und 3 Min. unter ständigem Rühren dünsten. Mit Wein und Brühe ablöschen. Mit Salz, Pfeffer und Muskatnuß würzen. Zugedeckt ca. 1 Std. köcheln. Geschälte Kartoffeln ca. 40 Min. mitkochen.

Italienische Fremdarbeiter brachten dieses Gericht auf die Nordseite des Gotthards. Man soll sich nicht an der Farbe der Kartoffeln stören. Wörtlich übersetzt heißt cazzuola Maurerkelle.

Stunggis**

Unterwaldner Eintopf

2 Lauchstangen · 3 Rüebli
500 g Kabis · 400 g grüne Bohnen
3 Zweige Majoran · 3 Zweige Thymian
Salz, Pfeffer, Muskatnuß
600 g Schweinefleisch vom Hals (Nacken)
1 große Zwiebel · 3 EL Schweineschmalz
4 dl Fleischbrühe · 500 g Kartoffeln

Die Gemüse putzen. Den Lauch in Ringe, die Rüebli in nicht zu dünne Scheiben, den Kabis in grobe Streifen schneiden, die Bohnen wenn nötig fädeln und dann quer halbieren. Majoran und Thymian von den Zweigen zupfen und mit den Gemüsen, Salz, Pfeffer und etwas geriebener Muskatnuß in einer Schüssel gut mischen.
Das Fleisch in ca. 2 cm große Würfel schneiden und im heißen Fett goldbraun braten. Die gehackte Zwiebel zum Fleisch geben und kurz mitdünsten. Die Gemüsemischung auf dem Fleisch verteilen. Mit der Brühe begießen und zugedeckt 1 1/4 Std. köcheln lassen. Nicht umrühren.
Die Kartoffeln schälen, klein würfeln und dazugeben. Jetzt alles vorsichtig mischen und evtl. nachwürzen. Zugedeckt weitere 30 Min. köcheln lassen.

Fleisch kommt in diesem Innerschweizer Kanton fast nur in Eintöpfen vor – wie hier.

Kastanieneintopf**

400 g Edelkastanien
1 Kabis (ca. 500 g)
400 g Kartoffeln · 400 g Räucherspeck
4 Luganighe oder Schweinsbratwürste
2,5 dl Fleischbrühe
Butter für die Gratinform

Die Kastanien auf der gewölbten Seite kreuzweise mit einem spitzen Messer einschneiden, 10 Min. in reichlich Wasser kochen, abgießen und schälen. Die einzelnen Kabisblätter vorsichtig ablösen. In kochendes Salzwasser werfen, 10 Min. garen, abtropfen lassen. Die Kartoffeln schälen und in Würfel schneiden. Den Speck ebenfalls würfeln, die Würste in dicke Scheiben schneiden.
Eine Gratinform ausbuttern, mit der Hälfte der Kabisblätter auslegen. Kastanien, Kartoffeln, Speck und Wurstscheiben mischen und auf dem Kohl verteilen. Die Brühe dazugießen. Mit den restlichen Kohlblättern abdecken. Im vorgeheizten Ofen bei 180° C zugedeckt 1 Std. garen.

Schwynigs mit Cheschtene**
Schweinefleisch mit Kastanien

600 g Edelkastanien
1 Zwiebel · 1/2 Lorbeerblatt
1 Gewürznelke · 5 Pfefferkörner
1 Rüebli · 1 Lauchstange · Salz
600 g Schweinefleisch

Die Kastanien kreuzweise auf der gewölbten Seite mit einem scharfen Messerchen einschneiden. Die Kastanien mit Wasser bedecken, aufkochen und 10 Min. kochen lassen. Einzeln aus dem Wasser nehmen und sofort schälen.
Die Kastanien mit frischem Wasser bedecken, die mit Lorbeerblatt und Nelke besteckte Zwiebel, die Pfefferkörner, das geschälte, halbierte Rüebli, den geputzten, gewaschenen und in grobe Stücke geschnittenen Lauch beifügen und aufkochen lassen. Salzen.
Das in 3 cm große Würfel geschnittene Schweinefleisch beigeben, erneut aufkochen, zudecken und auf kleinem Feuer ca. 1 Std. köcheln lassen. Evtl. nochmals abschmecken.

Surchabisröschti*
Eintopf mit Kartoffeln und Sauerkraut

500 g am Vortag gekochte Schalenkartoffeln
4 EL Schweinefett · 100 g Räucherspeck · 1 TL Salz
500 g gekochtes Sauerkraut

Die Kartoffeln schälen und fein scheibeln. Das Fett in einer Bratpfanne erhitzen, die Kartoffeln und den Speck dazugeben. Salzen. Öfters mit der Bratschaufel wenden. Das ausgedrückte Sauerkraut daruntermischen. Leicht anbraten lassen und mit der Bratschaufel zu einem Kuchen formen. Gut zudecken und auf kleinstem Feuer ca. 15 Min. braten. Auf eine Platte stürzen.

Nidwaldner Ofetori*

Kartoffel-Speck-Gratin

750 g Kartoffeln · 2 Eier

1/8 l Rahm · Salz, Muskat · Butter für die Gratinform

200 g geräucherter Magerspeck

Die geschälten Kartoffeln in grobe Würfel schneiden, in wenig leicht gesalzenem Wasser weichkochen, Wasser weggießen und die Kartoffeln durch die Kartoffelpresse drücken. Mit den Eiern und dem Rahm vermischen und mit Salz und Muskat würzen. In einer ausgebutterten Gratinform gleichmäßig verteilen.

Den Speck in feine Stäbchen schneiden und in die Oberfläche der Kartoffelmasse stecken. Im vorgeheizten Ofen bei 220° C ca. 15 Min. überbacken.

Grüner Salat ist perfekt dazu.

Im Kanton Obwalden tischt man dazu Salat und »Ghürotnigs« (halb Apfelsaft, halb Apfelwein) auf.

Rindsvoressen*
Bauernragout

600 g Rindfleisch vom Rücken

1 EL Bratbutter (Butterschmalz) · 50 g Magerspeck

1 Zwiebel · 1 Lauchstengel · 4 Rüebli · 1 EL Mehl · Salz, Pfeffer

2 Stengel Selleriekraut · 4 dl Fleischbrühe

Das Fleisch würfeln, in der heißen Butter rundum anbraten. Speck fein würfeln, die Zwiebel hacken und beides 2 Min. mitdünsten. Den Lauch putzen und in 3 cm lange Stücke schneiden. Rüebli schälen und quer in 3 Teile schneiden. Das Gemüse zum Fleisch geben, Mehl darüberstäuben, gut umrühren, salzen, pfeffern. Die abgezupften Sellerieblätter grob hacken und dazugeben. Mit der Fleischbrühe aufgießen, den Topf zudecken und 1 1/2 Std. auf kleinem Feuer schmoren. Salzkartoffeln oder Kartoffelstock dazu servieren.

RÔTI DE PORC À LA GENEVOISE*
Schweinsbraten nach Genfer Art

Für 6 Personen

1,5 kg Schweinsbraten · 2 EL Bratbutter

1 Zwiebel · 1 Lorbeerblatt · 1 Gewürznelke

1 kleine Lauchstange · Salz, Pfeffer

5 dl Weißwein (möglichst aus der Genfer Gegend)

Das Fleisch in der erhitzten Bratbutter rundum anbraten (am vorteilhaftesten in einem Gußeisenbräter). Die mit Lorbeerblatt und Nelke besteckte Zwiebel, den geputzten Lauch, wenig Salz und Pfeffer sowie den Wein dazugeben. Im ca. 180° C heißen Ofen zugedeckt 2–3 Std. schmoren lassen. Das Fleisch in Scheiben schneiden und den mit etwas Wein losgekochten Bratensaft darübergeben.

Man merkt gleich, daß dieses Rezept aus einer Weingegend stammt.

Thurgauer Schweinehals*

800 g Schweinehals · Salz

2 EL Bratbutter · 700 g Kartoffeln

1 l Fleischbrühe

Den Schweinehals in 4 cm große Würfel schneiden, salzen und in der heißen Butter anbraten. Mit der Fleischbrühe aufgießen und zugedeckt ca. 1 1/2 Std. schmoren lassen.
In den letzten 30 Min. die geschälten, in 4 cm große Würfel geschnittenen Kartoffeln beigegeben.
Dazu Sauerkraut servieren.

Schweinsragout mit Waldpilzen***

800 g Schweinefleisch · 4 dl Fleischbrühe
3 dl Weißwein · 2 Zwiebeln · 2 Rüebli · 1 kleine Sellerieknolle
500 g frische gemischte Waldpilze · 50 g Butter
Salz, Pfeffer · 100 g Räucherspeck

Die Hälfte der Fleischbrühe und 1 dl Wein in die Bratpfanne geben und aufkochen. Das Fleisch in Würfel schneiden und darin kochen, bis die ganze Flüssigkeit eingekocht ist. Das Fleisch im eigenen Saft unter stetigem Wenden goldbraun anbraten. Mit dem restlichen Wein ablöschen und die Bouillon dazugießen. Auf kleinem Feuer köcheln lassen.
Zwiebeln schälen und fein hacken, Rüebli und Sellerie schälen und in ganz kleine Würfel schneiden. Zur köchelnden Sauce geben.
Die Pilze gut putzen, unter fließendem Wasser kurz waschen, mit Küchenkrepp trocknen und in Scheiben schneiden. In der heißen Butter dünsten und mit Salz und Pfeffer würzen. Den Speck in winzige Würfel schneiden und ohne Fettzugabe goldbraun braten.
Pilze und Speck zum Voressen geben und evtl. nachwürzen.
Kartoffelstock, Rösti oder Polenta dazu servieren.

Christoph Vitali

Direktor
»Haus der Kunst«,
München
Jahrgang 1940
Geboren in Zürich

Wenn Sie zwei Wochen lang jeden Tag das gleiche essen müßten, wofür würden Sie sich entscheiden?
Für dunkles Brot, mit Butter bestrichen.

Auf welchen kulinarischen Luxus können Sie mühelos verzichten?
Auf Räucherlachs.

Was war Ihre Leibspeise in der Kindheit?
Kabiswickel (Kohlrouladen).

Was sind für Sie die drei Grundbestandteile der ursprünglichen Schweizer Küche?
Kartoffeln, Zwiebeln, Butter.

Hätten Sie nur eine ganz schmale Rente: Wovon würden Sie sich vor allem ernähren?
Siehe 1.

Sinnlose Verschwendung: Woran denken Sie da im Bereich Essen und Trinken?
Zu gute Rotweine zur Unzeit zu trinken, nicht zu einer Mahlzeit, für die sie geschaffen sind.

Welches ist für Sie das beste klassische Gericht Ihrer Heimat?

In Zürich: Geschnetzeltes Kalbfleisch.

Was ist der schlimmste gastronomische Brauch des 20. Jahrhunderts?

Gastronomische Mißverständnisse gibt es so viele!

Bei welchem Essensduft werden Sie schwach?

Lammkeule.

Sie bereiten ein Liebesmenü für zwei, das sich auch ein Student oder Lehrling leisten könnte. Was gibt es zu essen, was gibt es zu trinken?

Blätterteigtaschen mit Rinderhackfleich gefüllt, guten Salat und einen trockenen Weißwein.

Welches Schweizer Gericht ist zu Unrecht vergessen?

Gefüllte Pfannkuchen.

Wenn Sie in der Schweiz authentisch, einfach, gut und preiswert essen gehen wollen, wo gehen Sie hin?

Beiz im Quartier oder auf dem Land.

Urner Bauerngulasch**

600 g Lammfleisch vom Hals oder von der Brust
Salz, Pfeffer · 1 EL Mehl · 2 EL Bratbutter · 1 EL Tomatenmark
1 dl Rotwein · 2 Zwiebeln · 1 Knoblauchzehe · 1 Rüebli
1/2 Sellerieknolle · 1 kleine Lauchstange
10 Wirzblätter · 1 Rosmarinzweig· 1 Thymianzweig
2 Lorbeerblätter · 5 dl Fleischbrühe

Das Fleisch in 4 cm große Würfel schneiden, salzen und pfeffern und mit dem Mehl bestäuben. In der erhitzten Bratbutter rundum anbraten, das Tomatenmark beifügen und ganz kurz mitdämpfen. Mit dem Rotwein ablöschen.
Das Gemüse putzen, schälen, in Würfel oder grobe Streifen schneiden und abwechslungsweise mit dem angebratenen Fleisch und den Kräutern in eine Kasserolle schichten.
Die Brühe in der Bratpfanne aufkochen und über das Gericht gießen. Zudecken und auf kleinem Feuer auf dem Herd ca. 80 Min. köcheln lassen.
Salzkartoffeln oder Kartoffelstock dazu servieren.

La fricassée vaudoise*
Waadtländer Schweinsragout

800 g Schweinefleisch vom Hals
1 EL Mehl · 2 EL Bratbutter · 1 Zwiebel · 1 Knoblauchzehe
1 Rüebli · 1 Tomate · 1 Lauchstange · Salz, Pfeffer
1 Lorbeerblatt · 1 Nelke · 2 Zweige Petersilie
je 1 Prise getrockneter Majoran,
Rosmarin, Estragon, Salbei

Das Fleisch in große Würfel schneiden und im Mehl wenden. Von allen Seiten in der heißen Butter anbraten. Das geputzte Gemüse in kleine Würfel schneiden, dazugeben und unter Rühren leicht anbraten. Salzen und pfeffern. Mit dem Wein ablöschen. Kräuter und Gewürze beifügen. Zugedeckt auf kleinem Feuer ca. 1 1/2 Std. köcheln lassen.
Mit Kartoffelstock oder breiten Nudeln servieren.

Weisses Schweinsvoressen**

800 g Schweinefleisch vom Hals
1 Zwiebel · 1 kleine Lauchstange · 1 Lorbeerblatt
1 Gewürznelke · 1/2 TL getrockneter Thymian · Salz, Pfeffer
2 EL Weißweinessig · 2 dl Rahm · 1 EL Mehl

Das in große Würfel geschnittene Schweinefleisch in einen hohen Topf legen, mit kaltem Wasser knapp bedecken und zum Sieden bringen. Den aufsteigenden Schaum mit einem Kochlöffel mehrmals entfernen. Die ganze Zwiebel, den geputzten Lauch, die Gewürze und Salz und Pfeffer beigeben.
Auf kleinem Feuer zugedeckt ca. 1 1/2 Std. weichkochen. Die Flüssigkeit durch ein Sieb in eine andere Pfanne gießen; dabei Zwiebel, Lauch und Gewürze entfernen. Die Sauce etwas einkochen lassen. Den Essig mit dem Rahm gut vermischen, das Mehl dazurühren. Diese Mischung in die Sauce einrühren, aufkochen lassen und kurz weiterköcheln. Mit Salz und Pfeffer abschmecken. Das Fleisch in die weiße Sauce geben und erwärmen.
Mit grünen Nudeln servieren.

Ghäck*

Hackfleisch in Sauce

500 g gemischtes Hackfleisch
3 EL Bratbutter · 1 große Zwiebel
2 Knoblauchzehen · 1/2 Bund Petersilie
1 Zweig Liebstöckel · 1 EL Mehl
1 dl Weißwein · 1 dl Wasser
Salz, Pfeffer

Das Hackfleisch portionsweise in der heißen Butter anziehen lassen, bis es die rote Farbe verliert. Nun das ganze Fleisch in die Bratpfanne geben. Die geschälte, gehackte Zwiebel, den geschälten und gescheibelten Knoblauch, die gehackte Petersilie und die feingeschnittenen Blätter des Liebstöckels dazugeben und mitdünsten. Mit dem Mehl bestäuben, mischen, dann zuerst mit dem Weißwein, anschließend mit dem Wasser ablöschen. Salzen und pfeffern. Ca. 10 Min. bei kleinster Hitze ziehen lassen.
Sehr weich gekochte Salzkartoffeln dazu servieren.

Lammgotlettli*

Lammkoteletts

4 große Zwiebeln · 6 Knoblauchzehen

100 g Butter · 2 EL Bratbutter · 16 Lammkoteletts

Salz, Pfeffer · 1/2 Bund Petersilie

1/2 Bund Schnittlauch

Zwiebeln und Knoblauch schälen und fein hacken. Die Butter schmelzen, Zwiebeln und Knoblauch dazugeben und auf kleinem Feuer in 15 Min. dünsten.
Die Lammkoteletts portionsweise in der heißen Bratbutter auf beiden Seiten braten; sie sollten innen leicht rosa bleiben. Auf einer vorgewärmten Platte anrichten. Gehackte Petersilie und Schnittlauchröllchen unter die Zwiebelmischung rühren und über die Koteletts verteilen.
Dazu passen: Reis, Nudeln, Salzkartoffeln, Kartoffelstock.

Bürgermeischtergotlett**

Gefüllte Schweinskoteletts

4 große Schweinskoteletts
2 weiße Brötchen · 2 dl Weißwein
2 säuerliche Äpfel · 3 EL Bienenhonig
Salz, Pfeffer · 1 EL Mehl
2 EL Bratbutter

Die Koteletts mit einem spitzen Messer so aufschneiden, daß eine Tasche für die Füllung entsteht. Die Brötchen zerzupfen und in Weißwein einlegen.
Die Äpfel vom Kerngehäuse befreien und ungeschält fein reiben. Mit dem Honig und den gut ausgedrückten Brotstückchen vermischen. Ca. 2/3 dieser Füllung in die Koteletts füllen; mit einem Zahnstocher zuheften.
Das Fleisch gut mit Salz und Pfeffer einreiben und leicht mit Mehl einstäuben. Die Butter in einer Bratpfanne erhitzen, die Koteletts auf beiden Seiten je 6–8 Min. braten. Herausnehmen und warmstellen (Ofen ca. 70° C). Den übriggebliebenen Weißwein zum Bratenfond geben, gut umrühren. Die restliche Füllung dazugeben, etwas einkochen lassen und abschmecken. Über das Fleisch verteilen.
Man reicht Nudeln dazu.

Suure Mocke**
Saurer Rindsbraten

800 g Rindsbraten
1/4 l Rotwein · 1/4 l Rotweinessig · 1/4 l Wasser · 1 Zwiebel
3 Rüebli · 2 Gewürznelken · 8 Pfefferkörner
1 Knoblauchzehe · 1 Messerspitze Lebkuchengewürz
Salz, Pfeffer · 2 EL Bratbutter
2 Rinden von altbackenem dunklem Brot

Zwiebel und Rüebli schälen und in kleine Stücke schneiden. Wein, Essig, Wasser, Gewürznelken, Pfeffer, Knoblauch und Lebkuchengewürz zusammen aufkochen und heiß über das Fleisch gießen. 3 Tage zugedeckt an einem kühlen Ort aufbewahren. Das Fleisch täglich wenden.
Das Fleisch aus der Beize nehmen, abtropfen und gut abtrocknen. Die Bratbutter erhitzen, das Fleisch rundum gut anbraten und aus der Pfanne nehmen. Zwiebeln und Rüebli aus der Beize heben, abtropfen und im Bratensatz anbraten. Das Gemüse ebenfalls aus der Pfanne nehmen. Mehl vorsichtig hellbraun rösten. Mit 3 dl der durchgesiebten Beize ablöschen und die grob zerpflückten Brotrinden dazugeben. Fleisch und Gemüse erneut beifügen. Zugedeckt 1 1/2 Std. schmoren; öfters wenden. Den Braten herausnehmen, tranchieren, die Sauce evtl. nachwürzen und über das Fleisch gießen.

Ein Mocke ist ein großes Stück. Auch bei Menschen kann man durchaus von Mocke sprechen. »En schweere Mocke« ist ein beleibter Mann.

Chüngeli*
Kaninchen

1 Kaninchen (ca. 1 kg)

3 EL Bratbutter · Salz, Pfeffer · 2 große Zwiebeln

2 EL Mehl · 1/2 l Apfelwein (Cidre)

Das Fleisch in Stücke schneiden (oder vom Metzger vorbereiten lassen). Die Butter in der Bratpfanne erhitzen. Die Fleischstücke nacheinander geduldig von allen Seiten goldgelb anbraten. Auf einen Teller legen und würzen. Die Zwiebeln schälen, halbieren und in Streifen schneiden. Im zurückgebliebenen Fett leicht dämpfen, mit Mehl bestäuben und unter Rühren gelblich rösten.

Das Fleisch wieder in die Pfanne legen, mit Apfelwein aufgießen. Umrühren, aufkochen, zudecken und auf kleinem Feuer ca. 1 1/4 Std. schmoren.

Das Fleisch auf einer Platte anrichten und warmstellen. Die Sauce aufkochen, ein wenig einkochen lassen und unpassiert über das Fleisch geben.

Coniglio alla panna**

Kaninchen in Rahm

1 kg in Stücke geschnittenes Kaninchenvoressen
3 EL Bratbutter · 1 EL Paprikapulver · 1 Zweig Thymian
1 dl Weißwein · Salz, Pfeffer · 3 dl Fleischbrühe
3 dl Rahm

Das Fleisch portionsweise in der heißen Butter rundum gut anbraten. Mit Paprika, Salz und Pfeffer würzen. Mit Weißwein ablöschen und einkochen lassen. Die Fleischbrühe dazugießen und zugedeckt auf kleinem Feuer 45 Min. schmoren lassen. Den Rahm steifschlagen. Behutsam der Sauce zufügen und die Sauce weitere 10 Min. köcheln lassen.

Pollo alla montanara**
Hähnchen nach Tessiner Bergbäuerinnenart

2 junge Hähnchen, je ca. 700 g schwer
Salz, Pfeffer · 2 EL Mehl · 4 EL Olivenöl
100 g Rohschinken am Stück · 3 dl trockener Weißwein
6 Salbeiblätter

Die Hähnchen in Stücke schneiden, mit Salz und Pfeffer einreiben und im Mehl wenden. In einem großen Schmortopf das Olivenöl heiß werden lassen und die Hähnchenstücke darin anbraten. Den Rohschinken in Streifchen schneiden und kurz mitbraten. Den Weißwein angießen und die Salbeiblätter dazulegen. Im vorgeheizten Backofen 40–50 Min. bei ca. 220° C schmoren.
Reis oder Risotto passen dazu.

Dämpfts Schwiinsläberli*
Schweineleber

800 g Schweineleber, geschnetzelt
Salz, Pfeffer, Nelkenpulver · 3 EL Butter
1 große Zwiebel · 2 Knoblauchzehen
1 dl Weißweinessig

Die Schweineleberstückchen portionsweise in 2 EL heißer Butter braten, mit Salz, Pfeffer und Nelkenpulver würzen. Im ca. 60° C heißen Ofen warmstellen.
Die Zwiebel in Streifen schneiden. Mit dem durchgepreßten Knoblauch in Butter dünsten und mit Essig ablöschen. Über die Leber geben. Als Beilage eignet sich Rösti. In der Beiz reicht oft ein Stück Brot.

Eine Delikatesse, wie sie häufig am Dienstag (=Schlachttag) in Landbeizen angeboten wird.

Kutteln nach Schaffhauser Art*

800 g vom Metzger vorgekochte Kalbskutteln
40 g Butter · 1 Zwiebel · 1 EL Mehl · 1 dl Weißwein
1 dl Fleischbrühe · 2 EL Tomatenmark
1 EL Rahm · 1 EL Zitronensaft
1 EL Kümmel · Salz, Pfeffer

Die feingehackte Zwiebel in der Butter glasig dünsten. Die in feine Streifen geschnittenen Kutteln beigeben. Mit dem Mehl bestäuben, mit Weißwein ablöschen. Das Tomatenmark untermischen, die Fleischbrühe dazugießen und ca. 20 Min. leicht köcheln lassen. Mit Rahm, Zitronensaft, Kümmel, Salz und Pfeffer abschmecken.
Ideale Beilage: Salzkartoffeln.

Im Gegensatz zu Deutschland hat man in der Schweiz keinerlei Hemmungen vor diesen Innereien. Doch hier wie dort gilt: Kutteln mag man sehr oder überhaupt nicht.

Tripes à la neuchâteloise*
Kutteln nach Neuenburger Art

800 g vom Metzger vorgekochte Kalbskutteln
½ l Neuenburger Weißwein · 3 dl Fleischbrühe · 1 Zwiebel
1 Lorbeerblatt · 1 Gewürznelke · 1 Rüebli
1 Stück Lauch · 1 Stück Knollensellerie
1 Zweig Petersilie · 8 Pfefferkörner

Die Kutteln in große Vierecke schneiden. Wein, Brühe, die mit dem Lorbeerblatt und der Gewürznelke bespickte Zwiebel, die geputzten Gemüse, Pfefferkörner und den Petersilienzweig zum Kochen bringen. Eine Prise Salz und die Kuttelstücke dazugeben und ca. 45 Min. auf kleinem Feuer simmern lassen. Die sehr weichen Kutteln herausheben und auf einer vorgewärmten Platte anrichten.
Klassische Beilagen: Gschwellti und Schnittlauch-Vinaigrette.

Emmentaler Lammvoressen**

700 g Lammfleisch von der Schulter (ohne Knochen)
4 dl Fleischbrühe · 1 Lorbeerblatt · 2 Gewürznelken · 1 Zwiebel
1 Rüebli · 80 g Mehl · 1,5 dl Weißwein · Salz, Pfeffer
1 gute Prise Safran · 1 Eigelb · 1 dl Rahm

Die Fleischbrühe zum Kochen bringen, das in Würfel geschnittene Fleisch dazugeben. Die geschälte, mit Lorbeerblatt und Nelken bespickte Zwiebel und das geschälte Rüebli beifügen und zugedeckt auf kleinem Feuer 45 Min. kochen. Zwiebel und Rüebli entfernen. Das Mehl mit dem Wein gut verrühren und mit dem Safran zur Sauce geben. Etwas eindicken lassen. Das Eigelb mit dem Rahm verquirlen, etwas heiße Sauce dazugießen, dann zurück in die Pfanne geben und bis knapp vors Kochen bringen. Abschmecken.
Mit Kartoffelstock servieren.

Das Spezielle an diesem Gericht besteht in der Zugabe von Safran.

Lammvoressen nach Zuger Art**

800 g mageres Lammfleisch von der Brust
1 EL Salz · 1/2 Zitrone · 1/2 Lauchstange · 2 Zweige Selleriekraut
1 Zwiebel · 1 Lorbeerblatt · 1 Gewürznelke · 2 EL Mehl
1 EL weiche Butter · Pfeffer · 4 EL Rahm
1/2 Bund Petersilie

Reichlich kaltes Wasser zum Kochen bringen. Das in Würfel von ca. 4 cm geschnittene Lammfleisch darin überwellen. Das Wasser weggießen. 1 l kaltes Wasser mit Salz, einer Zitronenscheibe, dem geputzten Lauch, dem Selleriekraut und der mit Lorbeerblatt und Nelke besteckten Zwiebel aufkochen. Das Fleisch hineingeben und 70 Min. kochen lassen. Sud weggießen, dabei 4 dl Flüssigkeit zurückbehalten.
Den Sud wieder erhitzen und flockenweise die Mehlbutter aus geknetetem Mehl und Butter beifügen. Sehr gut rühren. Mit Pfeffer und Rahm verfeinern, die Sauce aufkochen und mit etwas Zitronensaft abschmecken. Die feingehackte Petersilie und das Fleisch in die Sauce legen und erhitzen.
Reis, Salzkartoffeln oder Nudeln dazu reichen.

Thurgauer Läberechnöpfli**
Leberspätzle

250 g Rindsleber, fein durchgedreht
1 Ei · 250 g Mehl · 2 dl Wasser · Salz, Pfeffer
1/2 Bund Petersilie · 4 Salbeiblätter · 50 g Butter
1 große Zwiebel oder 6 EL Paniermehl

Die Leber in einer großen Rührschüssel mit dem Ei gut vermischen. Nach und nach das Mehl, das kalte Wasser, Salz, Pfeffer, feingehackte Petersilie und Salbei daruntermengen. Den Teig kräftig schlagen, bis er Blasen wirft. 1 Std. ruhen lassen.
In einem großen Topf Salzwasser zum Kochen bringen, den Teig in feinen Streifchen von einem Holzbrettchen ins Wasser schaben, dabei das Messer immer wieder ins Kochwasser tauchen. Die Spätzle darin ein paar Min. ziehen lassen. Durch frisches, gesalzenes, kochendes Wasser ziehen und gut abtropfen lassen. Die Chnöpfli in einer tiefen Schüssel anrichten und im Ofen bei ca. 70° C warmstellen.
Die Zwiebel in Ringe schneiden und in der heißen Butter leicht bräunen. Oder das Paniermehl in der heißen Butter goldgelb anrösten. Zwiebelringe oder Paniermehl über die Läberechnöpfli geben und sofort servieren.
Rüebli- und Kopfsalat passen gut dazu.

Bräätchügeli*
Bratwurstkügelchen mit weißer Sauce

½ l Fleischbrühe
1 dl trockener Weißwein
4 Kalbs- oder Schweinsbratwürste
3 EL Butter · 2 EL Mehl

Die Fleischbrühe zum Kochen bringen, den Wein beifügen. Die Bratwürste an einem Ende aufschneiden. Direkt aus der Wurst nußgroße Kugeln in die Flüssigkeit pressen. Ca. 5 Min. ziehen lassen.
Das Mehl in der heißen Butter unter ständigem Rühren anschwitzen und mit der Brühe ablöschen. Weiterrühren, bis eine gleichmäßige weiße Sauce entsteht. Ca. 10 Min. köcheln lassen. Die Kügelchen darin erhitzen.
Ideal dazu: Kartoffelstock oder Reis.

Zibelemüesli*
Zwiebelgemüse

1 kg Zwiebeln · 2 EL Bratbutter

1 EL Tomatenmark · 2 dl Fleischbrühe · Salz, Pfeffer

1 Lorbeerblatt · 1 TL Rotweinessig

Die Zwiebeln schälen und in Ringe schneiden. In der heißen Butter hellgelb andünsten. Tomatenmark dazugeben und kurz weiterdämpfen. Lorbeerblatt beifügen, salzen, pfeffern und mit der Brühe ablöschen. Auf kleinstem Feuer zugedeckt ca. 40 Minuten köcheln lassen. Die Zwiebeln müssen ganz weich sein. Den Essig unterrühren, kurz mitkochen, Lorbeerblatt entfernen und servieren.

Paßt zu Rösti, Gschwellti, Polenta oder Reis.

Suurampfelegmües*
Sauerampfergemüse

500 g junger Sauerampfer
500 g junger Spinat
Salz · 80 g Sbrinz oder Greyerzer Käse
Pfeffer · 50 g Butter

Grobe Stiele von Sauerampfer und Spinat abbrechen. Die Gemüse gründlich waschen und mischen. Viel Salzwasser aufkochen, die Gemüse handvollweise hineinwerfen. Jeweils nach 1/2 Min. mit dem Schaumlöffel herausnehmen, gut abtropfen und auf einer heißen Platte anrichten.
Sofort mit geriebenenem Käse bestreuen, pfeffern und mit der heißen, leicht gebräunten Butter übergießen.

Soledurner Chrousi*
Zwiebel-Brot-Brei aus dem Solothurnischen

2 große Zwiebeln
130 g Butter · 250 g Weißbrot
1,5 dl Milch · Salz, Pfeffer
1 dl Rahm

Die Zwiebeln schälen, halbieren und in feine Streifen schneiden. In 80 g Butter gut andünsten. Das Brot in Würfel schneiden und kurz mitdünsten. Die Milch dazugießen. Mit Salz und Pfeffer würzen. 20 Min. köcheln lassen; das Brot und die Zwiebeln müssen zu einem Brei verkochen.
Mit dem Rahm und der restlichen Butter verfeinern, nach Geschmack nachwürzen. Als Beilage zu Fleisch servieren.

Boverli*

50 g nicht zu magerer Räucherspeck
400 g ausgelöste grüne Erbsen (oder Tiefkühlerbsen)
1 EL Butter · 2 EL Paniermehl

Den Speck in winzige Würfelchen schneiden und auf mittlerem Feuer auslassen. Erbsen beifügen und 1 Min. mitdünsten. 2 dl Wasser dazugießen, salzen und pfeffern und ca. 15 Min. ohne Deckel kochen (Tiefkühlerbsen in 4 EL Wasser ca. 4 Min. kochen). In der heißen Butter das Paniermehl unter ständigem Rühren leicht rösten und über die Erbsen geben.

»Pois verts« heißen grüne Erbsen auf französisch. Im Zürcher Oberland hat man Fremdsprache und Dialekt ganz besonders raffiniert zusammengewürfelt.

Stachys**

750 g Stachys · Salz
2 EL Milch · 60 g Butter · Pfeffer
60 g Greyerzer Käse
3 Stengel Petersilie

Die Stachys in kaltes Wasser legen und mit einer kleinen Bürste gut reinigen.
In gesalzenem Milchwasser ca. 3 Min. kochen. Wasser weggießen, Gemüse abtropfen und trockenreiben, dabei evtl. noch vorhandene dunkle Häutchen abziehen.
Die Hälfte der Butter erhitzen, die Stachys darin unter Schütteln sorgfältig braten, leicht pfeffern. In einer vorgewärmten Schale anrichten.
Den geriebenen Käse und die gehackte Petersilie darüberstreuen. Die restliche Butter schmelzen und über das Gemüse gießen.

Diese kleinen, ringförmig eingekerbten Wurzelknöllchen waren lange Zeit in Vergessenheit geraten. Jetzt werden sie in der Westschweiz wieder angebaut. Sie sind in Deutschland auch als Knollenziest, japanische Kartoffel oder chinesische Artischocke bekannt.

Rääbebappe*
Brei aus weißen Rüben

8 Räben (weiße Rüben)

Salz · 1 EL Butter · 1 dl Rahm

1/2 TL Kümmel

Die Räben schälen, vierteln und in leichtem Salzwasser weichkochen. Das Wasser abgießen. Die Räben mit einem Holzstampfer zu Brei zerstoßen. Butter, Rahm und Kümmel beifügen und 5 Min. auf kleinem Feuer kochen.
Im Berner Seeland serviert man dazu Rösti und Apfelkompott. Das Gemüse paßt aber auch als Beilage zu gebratenem Fleisch.

Les Cardons***

1 Kardenpflanze (ca. 1 kg)
Salz · 2 EL Milch · 1 EL Butter
Pfeffer, Muskatnuß · 1/4 l Doppelrahm
75 g Greyerzer Käse

Von den Cardons alle Stacheln sowie schlechte Stellen entfernen. Die Cardons schälen, in 5 cm lange Stücke schneiden und der Länge nach nochmals teilen. Gut waschen. Sofort in gesalzenes Milchwasser legen, aufkochen und weichkochen. Das dauert ca. 40 Min. oder länger. Die Cardons müssen ganz leichten Biß haben. Abtropfen lassen.
Eine Gratinform ausbuttern. Die Cardons pfeffern und mit wenig geriebener Muskatnuß würzen und abwechselnd mit dem geriebenen Käse einfüllen. Den Doppelrahm darübergießen. Nochmals mit wenig Käse bestreuen.
Bei 250° C auf der obersten Schiene des vorgeheizten Ofens gratinieren, bis sich die Oberfläche bräunlich verfärbt.

Cardons (Karden) sind wie Artischocken ein Distelgemüse, das in der Genfer Gegend am meisten Anklang findet. Das Putzen der Karden ist nur mit Arbeitshandschuhen zu empfehlen.

Habertätschli*
Haferflockenküchlein

250 g Haferflocken
4 dl Milch · 2 Bund gemischte Kräuter
1 Ei · Salz, Pfeffer, Muskat
3 EL Bratbutter

Die Milch aufkochen und über die Haferflocken gießen. Zudecken. Die Kräuter waschen, trocknen, fein hacken. In 1/2 EL erhitzter Bratbutter durchdünsten und etwas auskühlen lassen. Das Ei mit den Kräutern gut unter die Flockenmasse mischen und mit Salz, Pfeffer und wenig Muskat würzen. Von Hand kleine Küchlein formen.
Die restliche Butter in der Bratpfanne erhitzen, die Habertätschli portionsweise hineinlegen, mit der Bratschaufel flachdrücken und auf beiden Seiten braten, bis sie knusprigbraun sind.
Die Habertätschli passen zu Salaten oder Saucenfleisch.

Binätschtätschli*
Spinatküchlein aus dem Zürcher Unterland

500 g Spinat · 1 Zwiebel
100 g Butter · 150 g Paniermehl
3 EL Mehl · 3 Eier
Salz, Pfeffer, Muskatnuß

Die groben Spinatstiele entfernen. Den Spinat in leicht gesalzenem Wasser 1 Min. blanchieren, in ein Sieb gießen. Abkühlen lassen. Dann von Hand sehr gut ausdrücken und fein hacken.
Die Zwiebel hacken und in der Hälfte der Butter hellgelb andünsten, das Paniermehl dazugeben, weiterdünsten. Unter stetigem Umrühren goldgelb werden lassen. Den gehackten Spinat ebenfalls dazugeben und mitdünsten. Alles in eine Schüssel geben. Das Mehl und die verquirlten Eier, Salz, Pfeffer und Muskat mit der Spinat-Paniermehl-Masse mischen. Kleine Küchlein formen.
Die restliche Butter in einer Bratpfanne erhitzen, die Küchlein darin flachdrücken und von beiden Seiten ca. 2 Min. braten. Fleisch mit Sauce oder Tomatensauce dazu reichen.

Böleherdöpfel**
Zürcher Zwiebelkartoffeln

600 g Gschwellti vom Vortag · 200 g Zwiebeln
3 EL Butter · 1 EL Mehl · 2½ dl Milch · 1 dl Weißwein
Salz, Pfeffer, Muskatnuß · 1 dl Rahm
4 EL Reibkäse

Kartoffeln schälen und in dünne Scheiben schneiden. Die Zwiebeln schälen und fein hacken und in 2 EL Butter andünsten. Mit Mehl bestäuben, 3 Min. weiterdünsten. Mit Milch und Weißwein übergießen. Köcheln lassen, bis eine sämige Creme entsteht. Salzen, pfeffern und mit Muskat würzen.
Eine Gratinform mit 1 EL Butter ausstreichen. Die Zwiebelcreme lagenweise mit den Kartoffeln einfüllen. Den Rahm darübergießen und mit dem Reibkäse bestreuen.
Im vorgeheizten Ofen bei 220° C 25–30 Min. überbacken.

Böle ist das Ostschweizer Wort für Zwiebeln.

Suuri Gummeli*
Saure Kartoffeln

1 große Zwiebel · 2 EL Butter
800 g Kartoffeln · 1/2 l Hühnerbrühe
Salz, Pfeffer, Muskatnuß · 1 Lorbeerblatt · 3 EL Rahm
1 EL Mehl · 2 EL Weißweinessig
1/2 Bund Petersilie

Die Zwiebel schälen, fein hacken und in der heißen Butter andünsten. Die Kartoffeln schälen und in dicke Scheiben schneiden. Kartoffeln dazugeben, mit der Brühe ablöschen und umrühren. Salz, Pfeffer, geriebene Muskatnuß und das Lorbeerblatt beifügen. 10–15 Min. kochen.
Das Lorbeerblatt entfernen, Rahm und Mehl gut verrühren. Zu den Kartoffeln geben, sobald sie knapp weich sind. Essig beifügen und sorgfältig umrühren. Die Sauce muß dicklich sein. Nach dem Anrichten mit gehackter Petersilie bestreuen.

RÖÖSCHTI*

Rösti – Grundrezept

1 kg am Vortag gekochte Schalenkartoffeln

3 EL Bratbutter · 2 TL Salz

1 dl Milch

Die Kartoffeln schälen und an der Röstiraffel in Streifchen reiben. Mit dem Salz vermischen. Die Butter in einer beschichteten Bratpfanne erhitzen, die Kartoffeln dazugeben und mit der Bratschaufel zu einem Kuchen drücken. Die Milch gleichmäßig darüber gießen. Mit einem passenden Suppenteller oder einer Platte die Kartoffeln beinahe luftdicht zudecken. Sobald man hört, daß es in der Pfanne brutzelt, wird die Temperatur aufs Minimum zurückgeschaltet. Nach 30 Min. ist die Rööschti fertig. Die Pfanne wird mit Schwung umgedreht, so daß die Rööschti mit der goldbraunen Kruste nach oben auf dem Teller oder der Platte liegt.

Je nach Landesgegend brät man feingehackte Zwiebeln oder/und Speckwürfelchen mit oder mischt unter die Kartoffelmasse feingescheibelten Bergkäse.

Raui Rööschti*

Rösti aus rohen Kartoffeln

1 kg Kartoffeln (roh)
3 EL Bratbutter
2 TL Salz

Die Kartoffeln waschen, schälen und in ganz feine Scheiben schneiden oder hobeln. Die Butter in einer beschichteten Bratpfanne erhitzen, die Kartoffeln hineingeben, salzen, gut, aber vorsichtig durchrühren. Zudecken und Temperatur ein wenig zurückdrehen. Immer wieder Pfanne schütteln. Nach ca. 30 Min. auf eine Platte stürzen.

Polenta alla Ticinese***
Tessiner Polenta

1 l Milchwasser (halb Milch, halb Wasser)
250 g Maisgrieß · 60 g Butter · 120 g Reibkäse
Salz, Pfeffer

Das Milchwasser in einem großen Topf aufkochen. Salzen. Den Grieß unter Rühren hineingeben. Mit einer Holzkelle immer in derselben Richtung rühren, bis die Polenta klumpenlos glatt ist. Die Hitze reduzieren. Langsam weiterrühren, bis sich nach ca. 25 Min. am Pfannenrand eine dünne Kruste bildet. Butter und Käse dazumischen. Ohne umzurühren weitere 10 Min. köcheln lassen.
Die Polenta auf einem Holzbrett dick flachstreichen und mit einer dünnen Schnur in Portionen (Schnitten, Rhomben) schneiden.
Dazu gehört unbedingt ein Tessiner Saucengericht.

Schnell-Polenta**

6 EL Butter
100 g Parmesan · 200 g Maisgrieß
1 l Wasser · Salz, Pfeffer

3 EL Butter, frisch geriebenen Käse und Maisgrieß ins aufkochende Wasser geben. Unter Rühren 10 Min. zu einem dicken Brei kochen. Leicht salzen und pfeffern.
Auf einem mit gebuttertem Backpapier ausgelegten Kuchenblech dick flachstreichen und auskühlen lassen. In Quadrate schneiden oder in Formen ausstechen. Die restliche Butter erhitzen, die Polentastücke darin beidseitig goldbraun braten. Am besten mit einem Saucengericht servieren.

André Jaeger

Küchenchef seines Restaurants »Die Fischerzunft«, Schaffhausen
Jahrgang 1947
Geboren in Zürich

Wenn Sie zwei Wochen lang jeden Tag das gleiche essen müßten, wofür würden Sie sich entscheiden?
Brot, Spaghetti und Gemüse nach Jahreszeit.

Auf welchen kulinarischen Luxus können Sie mühelos verzichten?
Auf Kaviar, besonders wegen des ökologischen Aspekts.

Was war Ihre Leibspeise in der Kindheit?
Frische Nudeln mit Butter und Eigelb, frisches Brot.

Was sind für Sie die drei Grundbestandteile der ursprünglichen Schweizer Küche?
Kartoffeln, Getreide und Milchprodukte.

Hätten Sie nur eine ganz schmale Rente: Wovon würden Sie sich vor allem ernähren?
Von Brot, Milchprodukten, Gemüse und Obst.

Sinnlose Verschwendung: Woran denken Sie da im Bereich Essen und Trinken?
Völlerei. In unserem Überfluß haben wir die Tendenz, mehr zu schöpfen, als wir essen können.

Welches ist für Sie das beste klassische Gericht Ihrer Heimat?	Älplermagronen.
Was ist der schlimmste gastronomische Brauch des 20. Jahrhunderts?	Lieblosigkeit.
Bei welchem Essensduft werden Sie schwach?	Kaffee und frische Brötchen.
Sie bereiten ein Liebesmenü für zwei, das sich auch ein Student oder Lehrling leisten könnte. Was gibt es zu essen, was gibt es zu trinken?	Nichts mit Käse, Zwiebeln, Knoblauch. Sondern Melone, gegrillten Fisch, Hähnchen, zum Dessert Millefeuilles, einen guten Sekt oder Prosecco oder Roséwein.
Welches Schweizer Gericht ist zu Unrecht vergessen?	Weiß ich nicht.
Wenn Sie in der Schweiz authentisch, einfach, gut und preiswert essen gehen wollen, wo gehen Sie hin?	In einen einfachen Landgasthof, wo ich weiß, wer kocht.

Polenta grigia oder Polenta negra***

Buchweizenpolenta

Für 6 Personen

$1^1/_2$ l Wasser · 1 EL Salz

350 g Buchweizenmehl

Das Wasser in einem großen Topf aufkochen und salzen. Das Buchweizenmehl hineingeben. Auf kleinem Feuer $1^1/_2$ Std. leise köcheln. Dabei ständig rühren.
Diese Buchweizenpolenta direkt aus dem Topf zu Saucenfleisch anrichten.

Diese schmackhafte, vielleicht nicht sehr attraktiv aussehende Polenta wird in den Tessiner Bergen gekocht.

Griessschnitten**

¼ l Milch

¼ l Wasser · 1 TL Salz · 150 g Grieß

100 g Butter

Milch und Wasser zusammen aufkochen, das Salz dazugeben und den Grieß einrühren. Unter ständigem Rühren auf kleinem Feuer zu einem Brei köcheln. Evtl. nachsalzen und 50 g Butter daruntermischen.

Den Brei ca. 2 cm dick auf einem Blech ausstreichen, auskühlen lassen. Mit einem Messer in viereckige Stücke schneiden oder mit einer Tasse runde Scheiben ausstechen.

Die restliche Butter erhitzen, die Grießschnitten auf beiden Seiten goldgelb braten.

Zu Saucenfleisch oder einem Gemüsegericht servieren.

Gwürzte Milchriis*
Gewürzter Milchreis

1/2 l Milch
1/2 l Wasser · 2 Nelken · 1 Lorbeerblatt
1 TL Salz · 1 Prise Safran
250 g Rundkornreis

Milch und Wasser mit den Nelken, dem Lorbeerblatt, Salz und Safran aufkochen. Den Reis einrühren und 40 Min. auf kleinstem Feuer köcheln lassen.
Wird zu gekochtem Fleisch serviert.

Ein ungewöhnliches Rezept aus dem Wallis.

Schwiizer Älplerriis*
Schwyzer Milchreis

1 l Milch · 1 TL Salz

300 g Rundkornreis · 1½ dl Rahm

30 g Butter

Die Milch mit dem Salz aufkochen. Den Reis hineingeben und bei kleiner Hitze 20 Min. kochen. Den Rahm dazugießen und den Reis bei sehr kleiner Hitze 1 weitere Std. ziehen lassen. Ab und zu umrühren, damit nichts anbrennt. Zuletzt die Butter unter den Reis ziehen.

Sämtliche Zutaten zu diesem Gericht fanden die Sennen in ihrer Vorratskammer.

Hirsotto*

1 Zwiebel · 20 g Bratbutter
250 g Hirse · 1 dl trockener Weißwein
4 dl Fleisch- oder Gemüsebrühe
60 g Sbrinz, gerieben
4 EL Sauerrahm

Die Zwiebel hacken, in der Bratbutter glasig dünsten, die Hirse zufügen und kurz mitdünsten. Mit dem Wein ablöschen und mit der Hälfte der heißen Brühe auffüllen. Unter Rühren ca. 15 Min. köcheln lassen, dabei die restliche Brühe nach und nach unterrühren. Den Käse unterziehen und den Hirsotto vor dem Anrichten mit dem Sauerrahm verfeinern.

Beilage aus Hirse, zu Saucengerichten bestens geeignet.

Chnöpfli**
Spätzle auf schweizerisch

1/4 l Milchwasser (halb Milch, halb Wasser)
3 Eier · 300 g Mehl · Salz · Muskatnuß · 1 TL Essig
50 g Butter

Milchwasser gut mit den Eiern verrühren. Das Mehl dazuarbeiten, Salz und wenig Muskat dazugeben. Der Teig muß glatt sein, Blasen werfen und flockig von der Kelle fallen. 1 Std. stehen lassen.
4 Liter Wasser mit dem Essig und 1 EL Salz aufkochen lassen. Den Chnöpfliteig durch ein Lochsieb (Chnöpflisieb) portionsweise in den Topf drücken. Aufkochen, bis die Chnöpfli obenauf schwimmen. Mit der Schaumkelle herausheben und in ein zweites (nicht kochendes) Salzwasser legen, bis der ganze Chnöpfliteig aufgebraucht ist. Zuletzt alle Chnöpfli auf ein Sieb schütten, abtropfen lassen.
Kurz in der heißen Butter schwenken. Nach Belieben auch anbraten.
Je nach Geschmack können dem Chnöpfliteig folgende Zutaten in kleinen Mengen beigemischt werden: gehackte Kräuter; gehackter Spinat; geriebener Käse; Tomatenmark; rohe, feingehackte Leber; Kalbsbrät.

CHÄÄSHÖRNLI*
Käsenudeln

300 g Hörnli · Salz

2 Zwiebeln · 100 g Butter · 1 dl Rahm

100 g Appenzeller Käse

Die Hörnli in viel Salzwasser bißfest kochen und in einem Sieb abtropfen lassen. Die Zwiebeln schälen, halbieren, in feine Streifen schneiden und in der Hälfte der Butter weichdünsten. Mit den Hörnli vermischen, den Rahm dazugeben und im Ofen bei 70° C warmstellen.

Den Käse reiben und über die Hörnli streuen. Die restliche Butter aufschäumen lassen und über das Gericht gießen.

Müüslichüechli*

Ausgebackene Salbeiblätter, die in ihrer Form an Mäuschen erinnern

150 g Mehl · 1,5 dl Weißwein

2 Eier · Salz, Pfeffer, Muskat · 40 Salbeiblätter mit Stiel

Bratbutter oder Öl zum Ausbacken

Die Eigelb mit dem Mehl und dem Weißwein zu einem glatten Teig verarbeiten. Mit Salz, Pfeffer und Muskat würzen. 30 Min. stehen lassen.
Die Eiweiß zu Schnee schlagen und sorgfältig unter den Teig mischen. Die evtl. gewaschenen und trockengetupften Salbeiblätter beim Stiel anfassen, durch den Teig ziehen und 1–2 Min. bei 190° C im schwimmenden Fett ausbacken.
Mit einer Schaumkelle herausnehmen, auf Küchenpapier abtropfen lassen und bei 70° C im Ofen warmstellen, bis alle Müüsli fritiert sind.
Zu Wein oder Bier servieren.

Essigzwätschge**

Zwetschgen in Essig

1 kg Zwetschgen

6 dl Rotweinessig · 500 g Zucker

1 Zimtstange · 2 Nelken

Die Zwetschgen mit einem Tuch abreiben und mehrmals mit einem Zahnstocher einstechen. In eine Schüssel geben. Essig mit dem Zucker und den Gewürzen aufkochen. Auskühlen lassen und über die Zwetschgen gießen.

Am nächsten Tag den Saft abgießen, aufkochen, auskühlen lassen und erneut über die Zwetschgen gießen.

Am dritten Tag alles zusammen aufkochen und so lange auf dem Feuer lassen, bis die Haut der Zwetschgen leicht zu reißen beginnt.

Die Zwetschgen herausheben und in einen sauberen Steinguttopf einschichten. Den Saft ca. 15 Min. weiterkochen, bis er sirupartig wird, auskühlen lassen. Über die Zwetschgen gießen. Den Topf gut verschließen und kühl und trocken aufbewahren.

Schmeckt zu Wild, Siedfleisch und kaltem Braten.

Chrutwäie**

Spinatkuchen

Für eine Kuchenform von 24 cm Durchmesser:

1 kg Spinat · 1 Zwiebel

1/2 Bund Petersilie · 2 EL Butter

300 g Kuchenteig (s. S. 148)

50 g Greyerzer Käse · 3 Eier · 5 EL Rahm

Salz, Pfeffer, Muskatnuß

1 Majoranzweig · 3 Kerbelzweige

100 g Magerspeck

Den Spinat waschen und gut abtropfen lassen. Zwiebel schälen und fein hacken. Petersilie hacken. In einem hohen Topf 1 EL Butter erhitzen und darin Zwiebel und Petersilie 3 Min. dünsten. Den Spinat beifügen und umrühren, bis er zusammenfällt. Herausnehmen und auf einem Brett mit dem Wiegemesser hacken.

Den Teig dünn auswallen und die mit der restlichen Butter ausgestrichene Form damit auslegen. Mehrmals mit einer Gabel einstechen und den geriebenen Käse auf den Teigboden streuen.

Eier und Rahm verklopfen, den gut ausgepreßten Spinat dazugeben. Mit Salz, Pfeffer und Muskat würzen. Majoranblätter und Kerbel hacken und daruntermischen. Die Masse auf dem Teig verteilen. Den Speck in feine Scheibchen schneiden und auf die Füllung legen. Im vorgeheizten Ofen 45 Min. bei 230° C backen.

Heiß oder lauwarm servieren.

Chuechetäigg*
Kuchenteig

250 g Mehl · 100 g Butter
1/2 dl Rahm · 1/2 dl Wasser · 1 TL Salz
2 EL Öl

Das Mehl in eine Schüssel sieben. Butter in Flocken dazugeben und von Hand leicht reiben, bis alles gleichmäßig aussieht. In die Mitte des Mehls eine Vertiefung machen. Rahm, Wasser, Salz und Öl in die Vertiefung geben und mit einer Teigkelle mit dem Mehl vermischen.
Tisch oder Teigbrett mit wenig Mehl bestreuen, den Teig darauf leicht und rasch kneten, bis er glatt ist und nicht mehr klebt. Mindestens 15 Min. im Kühlschrank ruhen lassen.

Dieser geriebene Teig ist ein Tausendsassa. Man verwendet ihn für süße und pikante Kuchen und Wäie. In der Schweiz ist er in jedem Lebensmittelgeschäft (auch bereits ausgerollt) erhältlich. Unser Rezept ergibt etwa 400 g Teig.

BöleWäie*
Zürcher Zwiebelkuchen

Für ein viereckiges Backblech:
400 g Kuchenteig (s. S. 148) · 2 EL Butter
100 g Räucherspeck · 750 g Zwiebeln · 2 dl Sauerrahm
1 dl Milch · 3 Eier · Salz, Pfeffer, Muskatnuß

Den Teig ausrollen. Mit einem 1 EL Butter das Blech ausfetten, den Teig ausbreiten und mit einer Gabel mehrmals einstechen. Den Speck kleinwürfeln und in der restlichen heißen Butter leicht braten. Die geschälten und in Ringe geschnittenen Zwiebeln beigeben und glasig werden lassen. Etwas auskühlen lassen und über den Teig verteilen. Sauerrahm, Milch und Eier gut verrühren, dann würzen und über die Zwiebel-Speck-Masse gießen.
Im vorgeheizten Ofen bei 200° C ca. 40 Min. backen.
Heiß oder lauwarm servieren.

Kürbiswähe**

Für eine Kuchenform von ca. 24 cm Durchmesser:

300 g Kuchenteig (s. S. 148)

3 EL Butter · 500 g Kürbis · 1 Zwiebel · Salz, Pfeffer, Muskat

80 g Räucherspeck · 1 EL Mehl · 2 Eier

1 dl Milch · 1 dl Rahm

Den Teig ausrollen und die ausgebutterte Form damit auskleiden. Den Teig mehrmals mit einer Gabel einstechen.
Den Kürbis schälen, entkernen und in feine Scheiben schneiden. Die restliche Butter erhitzen, die geschälte, feingehackte Zwiebel und den Kürbis beigeben und andämpfen. Leicht salzen und pfeffern und auskühlen lassen.
Den Speck in ganz kleine Würfel schneiden, in einer Pfanne braten, bis das Fett ausläuft. Speck herausnehmen und auf Küchenpapier abtropfen lassen.
Mehl, Eier, Milch, Rahm, etwas Muskat, Salz und Pfeffer gut vermischen. Speck und Kürbis dazugeben und gut unterrühren. Auf dem Teig verteilen und im vorgeheizten Backofen bei 200° C ca. 30 Min. backen. Herausnehmen, in Stücke schneiden und heiß oder lauwarm servieren.

CHÄÄSCHUECHE*

Käsequiche

Für eine runde Form von ca. 24 cm Durchmesser:

300 g Kuchenteig (s. S. 148)

1 EL Butter · 3 Eier · Salz, Pfeffer · 1/4 l Milch

250 g Greyerzer Käse

Den rund ausgewallten Teig in die ausgebutterte Form legen und mit einer Gabel mehrmals einstechen.
Eier, Pfeffer, Salz, Milch zusammen verquirlen, den frisch geriebenen Käse gut unterrühren. Die Masse auf den Teig gießen. Im vorgeheizten Ofen bei 220° C ca. 30 Min. backen. Herausnehmen, in Stücke schneiden und sofort servieren.

Schinkenkuchen*

Für ein viereckiges Backblech:

400 g Kuchenteig (s. S. 148) · 2 EL Butter

300 g dünne Scheiben gekochter Schinken · 1/2 EL Mehl

2 dl Milch · 1 dl Rahm · 2 Eier

Salz, Pfeffer, Muskat

1 TL Kümmel

Das Blech mit geschmolzener Butter ausstreichen, den ausgerollten Teig darauflegen und mit einer Gabel mehrmals einstechen. Den Schinken in feine Streifchen schneiden und den Teig damit belegen.

Das Mehl in der restlichen heißen Butter anschwitzen, mit der Milch ablöschen, gut rühren, aufkochen und vom Feuer nehmen.

Eier und Rahm gut verklopfen, in die Milch einlaufen lassen, umrühren, mit Salz, Pfeffer, Muskat und Kümmel würzen. Umrühren. Etwas auskühlen lassen. Lauwarm über den Schinken verteilen und bei 200° C ca. 40 Min. backen.

Saucisson en croûte*
Waadtländer Wurst im Teigmantel

1 Waadtländer Saucisson
(eigentlich eine Rohwurst, die aber im heißen Wasser ziehen muß)
1/2 dl Weißwein · 2 EL scharfer Senf
500 g Kuchenteig (s. S. 148) · 2 Eier, getrennt
1 EL Butter

Die Wurst 10 Min. in heißem Wasser ziehen lassen. Schälen, dabei den Saft in einer Schale auffangen. Nicht zu dicke Scheiben schneiden. Den Saft mit dem Weißwein und dem Senf gut vermischen. Die Wurstscheiben auf beiden Seiten damit bestreichen.
Den Teig ca. 3 mm dick auswallen. Kreise, die etwas größer sind als die Wurstscheiben, ausstechen. Die Wurstscheiben auf die Plätzchen legen, den Rand mit verquirltem Eiweiß bestreichen. Die restlichen Plätzchen darüberlegen und gut andrücken. Mit verquirltem Eigelb bestreichen und auf einem gebutterten Blech im vorgeheizten Ofen bei 200° C ca. 10 Min. backen.
Mit Salat eine kleine Mahlzeit.

Wurschtwegge*
Brätmasse im Teigmantel

500 g Kuchenteig (s. S. 148) · Mehl
300 g Kalbsbrät · 100 g gekochter Schinken · 2 Essiggurken
1 Ei · 1 EL Butter

Den Teig zu einem großen Rechteck auswallen und in ca. 12 x 12 cm große Quadrate schneiden. Kalbsbrät mit feingehackten Schinken- und Gurkenwürfelchen gut vermischen. Die Masse auf die Hälfte der Teigstücke verteilen. Die Teigränder mit verklopftem Eiweiß bestreichen und die Plätzchen jeweils mit einem Teigquadrat zudecken. Den Rand mit einer bemehlten Gabel andrücken. Die Wegge auf ein ausgebuttertes Backblech legen und mit verquirltem Eigelb bepinseln. Jeden Wegge oben mit einer Gabel einstechen. Im auf 220° C vorgeheizten Ofen ca. 15 Min. goldbraun backen.
Schmeckt heiß, lauwarm und kalt.

THURGAUER BÖLLEWEGGE*
Zwiebel-Speck-Wecken

750 g Weißbrotteig (beim Bäcker vorbestellen)
50 g Butter · 2 Eier · 1 EL Stärkemehl · Salz, Pfeffer · 5 Zwiebeln
100 g kleingewürfelter Räucherspeck

Den Brotteig (keinesfalls Kuchen- oder Blätterteig) mit der in kleine Stücke geschnittenen Butter verkneten, bis diese nicht mehr zu sehen ist. Den Teig ca. 3 mm dick ausrollen und in Rechtecke von ca. 10 x 15 cm schneiden. Ein Ei gut mit Stärkemehl, Salz, Pfeffer, den feingehackten Zwiebeln und den Speckwürfelchen mischen. Je 1 gehäuften EL der Masse auf die Teigrechtecke geben, den Rand rundherum mit Eiweiß bepinseln und den Teig zu länglichen Kissen zusammenfalten; die Ränder gut zusammendrücken. Die Weggen mit Eigelb bepinseln und im vorgeheizten Ofen 20–25 Min. bei 200° C backen. Heiß servieren, evtl. zusammen mit Salat.

Ergibt rund 12 Stück.

HABERFLOCKEBRÖÖTLI**
Haferflockenbrötchen

500 g Roggenmehl
100 Haferflocken · 3 dl Milch · 60 g Hefe
100 g Magerquark · 2 TL Salz
Haferflocken als Garnitur
Butter für das Blech

Mehl und Haferflocken mischen. 1 dl Milch lauwarm werden lassen und die Hefe darin auflösen. Mit der restlichen Milch zur Mehl-Haferflocken-Mischung geben und gut kneten. Nach und nach Quark und Salz darunterkneten. Den geschmeidigen Teig ca. 45 Min. bei Zimmertemperatur gehen lassen, bis er die doppelte Größe erreicht hat.
10 kleine Brötchen formen und weitere 30 Min. gehen lassen. Die Brötchen kreuzweise mit einem spitzen Messer einschneiden, mit kaltem Wasser bepinseln und mit wenig Haferflocken bestreuen. Die Brötchen auf ein gebuttertes Backblech legen und im vorgeheizten Ofen bei 200° C ca. 25 Min. backen.
Auskühlen lassen und zum Sonntagsfrühstück genießen.

Aargauer Rüebliturte**
Karottenkuchen

250 g Zucker · 3 Eier
250 g gemahlene Haselnüsse oder Mandeln
1 Zitrone · 400 g Rüebli
2 EL Kirschwasser · 4 EL Mehl
1 TL Backpulver
Butter für die Backform

Zucker und Eigelb sehr gut schaumig rühren (ca. 15 Min.). Die Rüebli schälen und fein reiben. Zusammen mit den Nüssen, der abgeriebenen Zitronenschale und dem Zitronensaft zum Eigelb geben. Das Mehl mit dem Backpulver dazusieben. Alles gut mischen. Die Eiweiße zu Schnee schlagen und leicht darunterziehen.
Die Masse in eine ausgebutterte Springform (ca. 24 cm Durchmesser) füllen, glattstreichen. Im vorgeheizten Backofen bei 180° C ca. 1 Std. backen. Die Form auf ein Kuchengitter stellen, den Ring öffnen. Die Rüebliturte erkalten lassen.
Nach Belieben mit einer Glasur aus 120 g Puderzucker, den man gut mit ½ Eiweiß und 2 EL Kirschwasser vermischt, bepinseln. Der Kuchen kann zusätzlich mit Marzipankaröttchen dekoriert werden. Oder man bestäubt ihn ganz einfach mit Puderzucker.
Die Aargauer Rüebliturte schmeckt nach zwei, drei Tagen am besten.

Torta di latte*
Milchtorte

500 g Weißbrot · 1 1/2 l Milch
8 Eier · 200 g Zucker · 1 TL Fenchelsamen · 1 TL Zimt
1 TL Vanillezucker · 125 g Rosinen
200 g Butter

Weißbrot stückchenweise in die Milch geben und einweichen, bis es sich ganz vollgesogen hat. Zu einem Brei verrühren. Eier, Zucker, Fenchelsamen, Zimt und Vanillezucker hinzufügen und gut mischen. Die Rosinen darunterziehen.
In eine mit Butter ausgestrichene Kuchenform geben. Ganz dicht mit Butterflöckchen belegen. Im vorgeheizten Ofen 45 Min. bei 200° C backen.

La sagra del paese**
Tessiner Brotkuchen

1,2 l Milch · 1 Vanillestange
280 g altbackenes Weißbrot · 3 Eier
160 g Zucker · 1 Prise Salz · 120 g Rosinen · 60 g Bitterschokolade
1 Zitrone · 1½ EL Grappa · 1 EL Butter
50 g Pinienkerne

Die Milch mit der längs aufgeschnittenen Vanillestange aufkochen. Das Brot in Würfel schneiden, mit der kochenden Milch übergießen und zugedeckt stehen lassen.
In der Zwischenzeit Eier, Zucker und Salz schaumig rühren. Zu der Milch-Brot-Masse geben. Die gewaschenen, abgetrockneten Rosinen, die geriebene Schokolade, die abgeriebene Zitronenschale und den Schnaps beifügen.
Eine Springform gut ausbuttern und mit den Pinienkernen ausstreuen. Die Masse gleichmäßig ca. 3 cm hoch einfüllen. Im vorgeheizten Ofen bei 190° C ca. 1 Std. backen.

Dieser Kuchen wird jeweils zum Tag des Dorfheiligen gebacken. Sagra bedeutet wörtlich Kirchweih, Kirmes.

Tuorta da Nuschs***

Engadiner Nußtorte

300 g Mehl · 450 g Zucker
200 g Butter · 1 Ei · 1 Prise Salz · 300 g Walnußkerne
2 dl Rahm · 1 EL Bienenhonig
Butter fürs Blech

In einer großen Rührschüssel Mehl und 150 g Zucker mischen und in der Mitte eine Mulde formen. Die Butter in Stückchen schneiden und diese ringsum am Rand verteilen. Ei und Salz in die Mitte geben und nun alles von Hand rasch zu einem Mürbeteig verarbeiten. 30 Min. in den Kühlschrank stellen.

300 g Zucker in einem Topf unter Rühren hellbraun rösten. Die vorher grob gehackten Nüsse beifügen und 2 Min. mitrösten. Mit dem Rahm ablöschen. Sobald sich der Zucker ganz aufgelöst hat, den Honig beigeben. Vom Feuer nehmen und abkühlen lassen.

2/3 des Teiges 3 mm dick rund auswallen (am besten auf Backtrennpapier) und ein bebuttertes Backblech (Ø 26 cm) damit belegen; der Teig muß ringsum ca. 1 cm über den Blechrand hinausragen. Die Füllung gleichmäßig auf dem Teigboden ver-

teilen und glattstreichen. Den übrigen Teig auf die Größe des Blechs rund auswallen. Den überragenden Teigrand über die Füllung legen, mit Wasser bepinseln und den Teigdeckel darauflegen. Mit einer Gabel den Rand gut andrücken und die Oberfläche mehrmals einstechen.
Im auf 180° C vorgeheizten Ofen (untere Hälfte) ca. 50 bis 60 Min. backen.
In einer Blechdose läßt sich die Nußtorte wochenlang aufbewahren.

Nidwaldner Maistorte**

3 EL Rosinen

1 l Milchwasser (2/3 Milch, 1/3 Wasser)

1 Prise Salz · 200 g Maisgrieß · 50 g Weizengrieß

6 EL Zucker · 100 g Butter · 4–5 Äpfel

1/2 TL Zimt

Die Rosinen in kaltes Wasser einlegen. Das Milchwasser mit dem Salz aufkochen. Die beiden Grießsorten hineingeben. Unter ständigem Rühren 15–20 Min. leise kochen lassen.
Die abgetropften Rosinen, 4 EL Zucker und 60 g Butter unterrühren. Nochmals aufkochen, in eine ausgebutterte Springform (Durchmesser ca. 24 cm) einfüllen und glattstreichen.
Die Äpfel schälen, vom Kerngehäuse befreien, in 3 mm dicke Schnitze schneiden und die Oberfläche des Kuchens kranzförmig damit belegen. Die Äpfel sollen etwas einsinken. 2 EL Zucker mit dem Zimt vermischen und die Äpfel damit bestreuen. Die restliche Butter flöckchenweise darauf verteilen.
Im vorgeheizten Ofen bei 190° C ca. 40 Min. backen. Nach der Hälfte der Backzeit die Maistorte mit Alufolie abdecken.

MIJEULE**
Kirschengratin

4 altbackene Weggli oder weiße Brötchen
4 dl Milch · 3 Eier · 120 g Zucker · 80 g Butter
abgeriebene Schale von 1/2 Zitrone · 1 Prise Salz
2 TL Backpulver · 2 EL Mehl
500 g süße Kirschen, entsteint

Die Weggli zerpflücken, mit der lauwarmen Milch übergießen und einige Min. ziehen lassen. Zu einem Brei verrühren. Die Eier in eine Schüssel geben und zusammen mit dem Zucker schaumig rühren. Die Butter erwärmen und dazugießen. Den Milchbrei beigeben, Zitronenschale, Salz, Backpulver und das durchgesiebte Mehl daruntermischen.
Den Teig in eine ausgebutterte Gratinform geben und darauf die Kirschen verteilen. Im vorgeheizten Ofen bei 200–220° C ca. 45 Min. backen.
Warm servieren.

Sommerrezept aus dem Kanton Jura, nahe der Grenze zu Frankreich.

Chriesichueche**
Kirschkuchen

800 g frische Süßkirschen
100 g Butter · 1 Prise Salz · 120 g Zucker · 3 Eier
1 Beutel Vanillezucker · 130 g Mehl
1 TL Backpulver · Puderzucker

Die Kirschen waschen und gut abtropfen lassen (nicht entsteinen). Die Butter mit Salz, Zucker, 3 Eigelb und Vanillezucker schaumig rühren. Die 3 Eiweiß zu Schnee schlagen. Mehl und Backpulver mischen und abwechselnd mit dem Eischnee unter die Eigelbmasse ziehen. In eine ausgebutterte Springform (Durchmesser ca. 26 cm) füllen und glattstreichen.
Die Kirschen darauf verteilen und leicht andrücken. 45 Min. bei 220° C auf der untersten Schiene im vorgeheizten Ofen backen. Den Chriesichueche auf ein Kuchengitter stellen und den Springformrand lösen.
Mit Puderzucker bestreuen, warm oder kalt essen.

ZIGERCHRAPFE**
Ziegerkrapfen

150 g Speisequark · 100 g Zucker
1 EL Zitronensaft · abgeriebene Schale von 1 Zitrone
1/2 dl Rahm · 1 TL Zimt · 100 g geschälte, geriebene Mandeln
4 EL Rosinen · 250 g Blätterteig
1 Eiweiß · Öl zum Ausbacken
Zimtzucker (4 EL Zucker, 1 TL Zimt)

Quark mit Zucker, Zitronensaft, Zitronenschale, Rahm und Zimt verrühren. Mandeln und Sultaninen daruntermischen. Den Blätterteig 3 mm dick ausrollen. Mit einer Tasse oder einer Ausstechform große runde Scheiben ausstechen und 1 TL der Füllung daraufgeben. Den Rand mit verrührtem Eiweiß bestreichen und die Scheiben halbmondförmig falten. Den Rand gut andrücken.
Im heißen Öl (ca. 170° C) 3–4 Min. schwimmend ausbacken. Auf Küchenpapier abtropfen lassen. In Zimtzucker wenden.

Zieger ist ein ungelagerter Molkenfrischkäse. Heute wird er allgemein durch Quark ersetzt. Blätterteig wird in Schweizer Lebensmittelgeschäften ebenso wie Kuchenteig frisch (nicht tiefgekühlt!) angeboten.

Apfelkuchen I*

Für ein viereckiges Backblech:
400 g Kuchenteig (s. S. 148)
1 EL Butter · 3 EL gemahlene Haselnüsse
1 kg Äpfel · 4 EL Zucker · 2 Eier
1 dl Milch · 1/4 l Rahm

Den Teig ausrollen, das gebutterte Blech damit belegen. Den Teig mit einer Gabel mehrmals einstechen und mit den geriebenen Haselnüssen bestreuen. Die Äpfel schälen, entkernen und in ca. 1 cm dicke Schnitze schneiden. Den Teigboden gleichmäßig und dicht damit belegen. 2 EL Zucker darüberstreuen.
Eier, Milch und 2 EL Zucker kräftig miteinander verschlagen. Diesen Guß über die Äpfel verteilen.
Im vorgeheizten Backofen bei 220° C ca. 35 Minuten backen. Herausnehmen und auf dem Blech in gleichmäßige Stücke schneiden.
Rahm halbsteif schlagen und zu dem lauwarmen Kuchen servieren.

Apfelkuchen II*

Für ein viereckiges Backblech:

400 g Kuchenteig (s. S. 148)

4 EL Butter · 3 EL gemahlene Haselnüsse

1 kg Äpfel · 3 EL Zucker

1 Zitrone

Den Teig ausrollen, das Blech mit 1 EL Butter ausfetten. Den Teig auf das Blech legen, mit einer Gabel mehrmals einstechen. Die geriebenen Haselnüsse auf den Teig streuen. Die restliche Butter in kleinen Stückchen darauf verteilen.

Die gewaschenen, trockengeriebenen Äpfel vom Kerngehäuse befreien und ungeschält grob reiben. Gut mit dem Zucker und der abgeriebenen Zitronenschale vermischen. Die Masse auf dem Teig verteilen.

Im vorgeheizten Ofen bei 220° C 35–40 Min. backen.

Herausnehmen und auf dem Blech in gleichmäßige Stücke schneiden. Warm oder kalt essen.

Eierkuchen*

Für ein viereckiges Backblech:

400 g Kuchenteig (s. S. 148)

1 EL Butter · 1 1/2 EL Mehl · 2 Prisen Salz

3,5 dl Milch · 2 Eier · 2 EL Zucker

1 Zitrone

Das Blech ausbuttern und mit dem ausgerollten Teig belegen. Mit wenig Mehl bestäuben und mit einer Gabel mehrmals einstechen.

Mehl und Salz mit der Milch zu einem glatten Teig rühren. Eier, Zucker und die abgeriebene Zitronenschale gut daruntermischen. Diese Masse auf den Teigboden gießen und den Kuchen im vorgewärmten Ofen bei 220° C ca. 30–35 Min. backen.

Herausnehmen, im Blech in Stücke schneiden und zu Kaffee oder Milchkaffee servieren.

Osterfladen mit Brot*

Für ein viereckiges Backblech:

400 g Kuchenteig (s. S. 148)

1 EL Butter · 100 g Weißbrot

1/4 l Milch · 2 Prisen Salz · 2 Eier · 3 EL Zucker

1 Beutel Vanillezucker · 3 EL Sultaninen

3 EL geriebene Haselnüsse

Das Blech ausbuttern und mit dem ausgerollten Teig belegen. Mit einer Gabel mehrmals einstechen.

Das Brot entrinden, in der Milch einweichen und gut zerdrücken. Eier, Zucker, Salz, Vanillezucker, Sultaninen und die geriebenen Haselnüsse unter das Brot mischen. Die Masse auf dem Teigboden verteilen.

Den Kuchen im vorgeheizten Ofen bei 220° C ca. 30–35 Min. backen.

Herausnehmen, auf dem Blech in Stücke schneiden. Lauwarm oder kalt essen.

Fredy Gsteiger

Journalist,
Chefredakteur ›Weltwoche‹
Jahrgang 1962
Geboren in Bern

Wenn Sie zwei Wochen lang jeden Tag das gleiche essen müßten, wofür würden Sie sich entscheiden?	Fisch.
Auf welchen kulinarischen Luxus können Sie mühelos verzichten?	Erdbeeren im Herbst, Kiwis zu jeder Jahreszeit, Kirschen im Winter.
Was war Ihre Leibspeise in der Kindheit?	Milchreis.
Was sind für Sie die drei Grundbestandteile der ursprünglichen Schweizer Küche?	Käse, Wurst, Kartoffeln.
Hätten Sie nur eine ganz schmale Rente: Wovon würden Sie sich vor allem ernähren?	Suppen, Eintopfgerichte.

Sinnlose Verschwendung: Woran denken Sie da im Bereich Essen und Trinken?	Hochkomplizierte High-Tech-Verpackungen.
Welches ist für Sie das beste klassische Gericht Ihrer Heimat?	Käsefondue.
Was ist der schlimmste gastronomische Brauch des 20. Jahrhunderts?	Hetze beim Essen, Business-Lunch.
Bei welchem Essensduft werden Sie schwach?	Risotto mit Pilzen.
Sie bereiten ein Liebesmenü für zwei, das sich auch ein Student oder Lehrling leisten könnte. Was gibt es zu essen, was gibt es zu trinken?	Pasta und Rotwein.
Welches Schweizer Gericht ist zu Unrecht vergessen?	Stunggis (Unterwaldner Eintopf).
Wenn Sie in der Schweiz authentisch, einfach, gut und preiswert essen gehen wollen, wo gehen Sie hin?	Land- und Stadtgasthöfe.

Osterfladen mit Griess**

Für ein viereckiges Backblech:
400 g Kuchenteig (s. S. 148)
1 EL Butter · ½ l Milch · 50 g Grieß
1 Prise Salz · 50 g Zucker · 2 Eier
40 g geschälte, geriebene Mandeln
30 g Rosinen

Das ausgebutterte Blech mit dem ausgerollten Teig belegen und mehrmals mit einer Gabel einstechen.
Die Milch aufkochen, den Grieß im Faden einlaufen lassen, Salz beifügen und rasch zu einem Brei kochen. Vom Herd nehmen und auskühlen lassen. Den Zucker, die Eigelb, die Mandeln und die Rosinen gut mit dem Brei vermischen. Die Eiweiß zu Schnee schlagen und vorsichtig unter die Masse ziehen.
Auf dem Teig verteilen und im vorgeheizten Ofen bei 220° C ca. 30 Min. backen.
Herausnehmen, auf dem Blech in Stücke schneiden. Lauwarm oder kalt essen.

Chnöiblätze, Fasnachtschüechli***

Ausgezogene Krapfen

1 TL Salz · 1½ dl Rahm

5 große Eier · 500 g Mehl

Bratbutter oder Öl zum Ausbacken

Puderzucker

Salz, Rahm und Eier zusammen verklopfen. Das Mehl löffelweise gut darunterrühren, tüchtig schlagen und auf einem Brett verkneten. Der Teig muß glatt sein und Blasen werfen. Mindestens 20 Min. bei Küchentemperatur ruhen lassen.

Mit einem Messer in 20–24 Stücke schneiden und papierdünn ausrollen.

Das mit einem Küchentuch bedeckte Knie auf einem Stuhl anwinkeln, die ausgerollten Teigfladen über dem Knie ausziehen. Sie müssen hauchdünn und möglichst rund sein. Auf Küchenkrepp etwas antrocknen lassen.

In einer tiefen Eisenpfanne oder Friteuse Fett oder Öl heiß machen, die Chnöiblätze einzeln bei 170° C Grad rasch schwimmend backen. Sie müssen goldgelb sein und Blasen werfen. Auf Küchenpapier abtropfen lassen, auskühlen lassen.

Mit reichlich Puderzucker bestreuen.

Diese fasnächtliche Spezialität erfordert Geduld und Geschick. Der Teig muß überm Knie, Chnöi, ausgezogen werden.

Schänkeli**
Schenkelchen

100 g Butter
150 g Zucker · 4 Eier · 1 Zitrone
1 Prise Salz · 500 g Mehl · 1 TL Backpulver
Bratbutter oder Öl zum Ausbacken

Die zimmerwarme Butter weich- und glattrühren. Den Zucker daruntermischen, ein Ei nach dem andern tüchtig mit der Masse verrühren, die abgeriebene Zitronenschale und das Salz beigeben. Das mit Backpulver vermischte Mehl löffelweise in die Masse rühren. Den festen Teig 2 Std. kühlstellen.
Den Teig zu 3–5 cm langen Würstchen formen, die an den beiden Enden leicht zugespitzt sein sollen. In einer tiefen Eisenpfanne das Fett erhitzen (ca. 170° C), die Pfanne vom Feuer nehmen und etwa 10 Schänkeli auf einmal ins heiße Fett geben. Sobald sie an die Oberfläche kommen, die Pfanne wieder aufs Feuer stellen und die Schänkeli backen, bis sie braun sind. Zum Abtropfen auf ein Kuchengitter legen.
Das leichte Aufspringen der Schänkeli ist ein Qualitätsmerkmal.

Schmalzgebackenes wird traditionell zur Fasnacht zubereitet.

Schlüüferli, Schlüüfchüechli***

Gebackene Schleifen

30 g Butter · 150 g Zucker

3 Eier · 1 Zitrone · 1 Prise Salz · 1 dl Rahm

500 g Mehl · 1 Messerspitze Backpulver

Bratbutter oder Öl zum Ausbacken

Die zimmerwarme Butter schaumig rühren. Den Zucker mit der Butter vermischen, ein Ei nach dem andern dazugeben und gut verrühren, die abgeriebene Zitronenschale, das Salz und den Rahm beigeben. Mehl und Backpulver miteinander vermischen und löffelweise in die Masse rühren. Den Teig 2 Std. kühlstellen.

Den Teig ½ cm dick ausrollen, in 10 cm lange und 3 cm breite Rechtecke schneiden. In der Mitte jedes Rechtecks einen Einschnitt machen und das eine Ende sorgfältig durchziehen. In einer tiefen Eisenpfanne oder Friteuse das Fett erhitzen (ca. 190° C), die Pfanne vom Feuer nehmen, ca. 6 Schlüüferli auf einmal hineingeben. Sobald sie an die Oberfläche steigen, die Pfanne wieder aufs Feuer stellen und die Chüechli backen, bis sie goldgelb sind. Auf einem Kuchengitter abtropfen lassen.

Diese gebackenen Schleifen werden im Winter – nicht aber an Weihnachten – zu Kaffee oder Tee auf den Tisch gestellt.

Braune Leckerli**

1 Zitrone · 70 g dunkle Schokolade

250 g Puderzucker · 250 g geriebene Haselnüsse

1/2 TL Zimt · 3 EL Kirschwasser

Puderzucker zum Auswallen

Die Zitronenschale abreiben, die Schokolade in Stückchen brechen und zusammen mit allen anderen Zutaten auf kleinem Feuer rühren, bis sich die Masse vom Boden der Pfanne löst.

Ein Backbrett oder eine Marmorplatte dicht mit Puderzucker bestreuen, die Masse daraufgeben und gut durchkneten. Ca. 1 cm dick auswallen. Ausstechen oder in Rechtecke von ca. 6 x 4 cm schneiden. In den nicht vorgeheizten Ofen schieben, Unterhitze auf 100° C Grad stellen und die Leckerli 1/4 Std. trocknen lassen.

Noch warm mit Zuckerglasur bestreichen.

Für Rote Leckerli läßt man die Schokolade weg und ersetzt sie durch 30 g Sandelholzpulver (in Drogerien erhältlich).

Glarner Biirebrot***

Glarner Birnenbrot

350 g Dörrbirnen
150 g Dörrzwetschgen, entsteint
20 g Hefe · 3 dl Milch · 50 g Butter
1 große Prise Salz · 400 g Mehl · 100 g Walnußkerne
100 g Rosinen · 4 cl Kirschwasser · 50 g Zucker
1 TL Zimt · 1 Msp. Nelkenpulver
1 Msp. Muskatblütenpulver (Macis)
2 Eigelb

Birnen und Zwetschgen über Nacht in kaltem Wasser einweichen.
Die Hefe in lauwarmer Milch auflösen und gehen lassen. Das Mehl in eine Schüssel sieben, in der Mitte eine Vertiefung formen, die Hefe dazugießen, flüssige Butter und Salz beigeben und alles zu einem Teig verarbeiten.
Etwa 1 Std. an einem warmen Ort gehen lassen.
Birnen und Zwetschgen im Einweichwasser ca. 10 Min. kochen, das Wasser weggießen und die Früchte grob hacken. Die Rosinen in Kirschwasser einlegen und die Nußkerne grob hacken. Beides zu den Früchten geben.
Den Zucker und die Gewürze unter die Fruchtmasse mischen und zusammen mit 1/3 des Teiges gut durcharbeiten. Den restlichen Teig rechteckig auswallen, die Fruchtmasse daraufgeben und einrollen. Die Enden gut einschlagen, andrücken, das Brot mit Eigelb bepinseln und mit einer Gabel mehrmals leicht einstechen.
Auf ein gebuttertes Backblech legen und im vorgeheizten Ofen bei 170–180°C ca. 1 Std. backen. Auskühlen lassen, in dünne Scheiben schneiden und mit Butter servieren.

Birchermüesli*

Für 1 Portion:

8 g Haferflocken (1 gestr. EL)

3 EL kaltes Wasser · 1 EL Zitronensaft

1 EL gezuckerte Kondensmilch · 200 g Äpfel

1 EL geriebene Haselnüsse oder Mandeln

Haferflocken 12 Std. in Wasser einweichen. Mit Zitronensaft und Kondensmilch zu einer glatten Sauce verrühren. Äpfel waschen, mit sauberem Tuch oder Haushaltkrepp abtrocknen, Stiel und Fliege entfernen. Die Äpfel auf der Bircher-Raffel in die Sauce reiben, öfters umrühren, damit sich das Fruchtfleisch nicht braun verfärbt. Mit den Nüssen bestreuen und sofort servieren.

Die weltweit erhältlichen Fertig-Müslis erinnern nur entfernt an das Originalrezept von Dr. Maximilian Bircher-Benner (1867 bis 1939).

Beeristurm*
Einfache Beerenspeise

500 g Erdbeeren, Johannisbeeren oder Heidelbeeren
5 EL Zucker · 1/2 TL gemahlener Zimt
1/2 l Milch oder Rahm

Die Beeren entstielen, allenfalls waschen und abtropfen. In einer Schale leicht zerdrücken und mit Zucker, Zimt und Milch oder Rahm vermischen.

Ob der Name vom wilden Beerendurcheinander stammt, ist unbekannt.

Holderezune*

Holundermus aus dem Toggenburg

1 kg Holunderbeeren · 80 g Butter

2 EL Mehl · 1/2 l Rahm · 100 g Zucker

1 Messerspitze Zimtpulver

Die Beeren von den Dolden zupfen. Die Butter erhitzen und das Mehl leicht anrösten. 2 dl Rahm und die Holunderbeeren dazugeben und aufkochen. Den Zucker und den Zimt beifügen, umrühren, wiederum aufkochen und in 2–3 Min. zu einem Brei verkochen lassen. Abkühlen lassen.
Den restlichen Rahm zu Schlagrahm schlagen und separat dazu servieren.

Le sii**

Unterwalliser Brotdessert mit Holundersirup

250 g Walliser Roggenbrot

5 1/2 dl Dôle (Walliser Rotwein), ersatzweise Pinot noir

50 g Rosinen · 1 1/2 dl Holundersirup

4 TL Butter · 2 dl Rahm

Das Brot in kleine Würfel schneiden, in 5 dl Wein einweichen und mindestens 6 Std. stehen lassen. Die Rosinen im restlichen Wein einlegen.

Die Brotmasse von Hand durchkneten, bis ein weicher, möglichst glatter Teig entsteht. Rosinen und Holundersirup hinzufügen. Die Masse in 4 Portionen teilen. 1 TL Butter in eine Pfanne geben, dann eine Portion des Muses hineingeben. Umrühren und nur lauwarm werden lassen, damit nicht der ganze Alkohol verdunstet. Die restlichen Portionen ebenso zubereiten.

Lauwarm in Dessertschalen servieren und halbsteif geschlagenen Rahm darübergeben.

La salade de poires*
Williamsbirnensalat

500 g schöne, reife Williamsbirnen
1 Zitrone · 2 dl Apfelsaft · 3 EL Honig
2 EL Williamine (Birnenschnaps)
3 EL geschälte, gehackte Mandeln

Die Birnen schälen, vom Kerngehäuse befreien, in kleine Stücke schneiden und sofort in den Saft der Zitrone legen. Mehrmals wenden.
Den Apfelsaft in einem Pfännchen erhitzen, den Honig darin gut auflösen und den Schnaps dazugeben. Über die Birnen gießen. 2 Std. ziehen lassen.
Eine beschichtete Pfanne erhitzen, die Mandeln hineingeben, gut schütteln, bis sie eine leicht bräunliche Farbe angenommen haben. Sofort über den Birnensalat streuen.

Süessmoschtgreeme*

Creme aus trübem Apfelsaft

3 Eier · 6 EL Zucker

1/2 Zitrone, unbehandelt · 1 TL Kartoffelmehl

3/4 l Süßmost

Die Eier und den Zucker in einer Schüssel tüchtig verklopfen. Die Schale der Zitrone mit dem Süßmost aufkochen. Kartoffelmehl im Saft der Zitrone auflösen und zum Most geben. Nochmals aufkochen und langsam unter ständigem Umrühren zu der Eiermasse gießen. Alles zurück in die Pfanne geben. Kräftig rühren, aufkochen und in Portionsschälchen füllen. Kaltstellen.

Chüttenegreeme**

Quittencreme

4 Quitten

2 dl Wasser · 80 g Zucker

1 EL Zitronensaft · 1 dl Weißwein

1 Becher Joghurt nature (180 g)

2 dl Rahm

Die Quitten schälen, vierteln, das Kerngehäuse entfernen und das Fruchtfleisch in feine Scheibchen schneiden. Mit dem Wasser, Zucker und Zitronensaft auf kleinem Feuer knapp weichkochen. Quitten herausheben; 2 EL davon aufbewahren. Den Weißwein in den Sud gießen und die Flüssigkeit auf 1 dl einkochen.

Quitten und Flüssigkeit mit dem Stabmixer fein pürieren. Joghurt unterziehen und kühlstellen.

Vor dem Servieren den Rahm schlagen und darunterziehen. Mit den restlichen Quittenscheibchen garnieren.

Brännti Greeme**
Gebrannte Creme

2 Eigelb · 130 g Zucker
1 EL Kartoffelmehl · 1/2 l Milch · 1 EL Wasser
1 Prise Salz · 1/4 l Rahm

30 g Zucker mit dem Eigelb in einer Schüssel schaumig rühren. Kartoffelmehl in 1 dl Milch auflösen. 90 g Zucker in einer (möglichst alten!) Pfanne rösten, bis er braun wird und zu schäumen anfängt. Das Wasser zugeben, mit der restlichen Milch auffüllen und das Salz einstreuen.
Langsam erhitzen, bis sich der gebräunte Zucker ganz auflöst. Die Kartoffelmehl-Milch dazurühren; auf den Siedepunkt bringen. Diese Masse kräftig unter das gezuckerte Eigelb rühren. Alles wieder in die ausgespülte Pfanne zurückgeben. Unter stetigem Rühren langsam kurz vor den Siedepunkt bringen. Die Creme durch ein feines Sieb streichen. Mit dem restlichen Zucker bestreuen, damit sich keine Haut bildet. Erkalten lassen und den geschlagenen Rahm sorgfältig unterziehen.

Bei der gebrannten Creme handelt es sich um eine Karamelcreme, für die der Zucker so lange erhitzt (gebrannt) werden muß, bis er braun ist.

Kirsiwassergreeme*
Kirschwassercreme

6 Eier · 200 g Zucker

1/2 dl Zitronensaft · 1/2 dl Kirschwasser

2 dl Rahm

Die Eigelb mit dem Zucker schaumig rühren. Zitronensaft, Kirschwasser und 1 dl Wasser dazugeben. Wenn möglich in einer Messingpfanne über sehr kleinem Feuer rühren und knapp vors Kochen bringen.
Vom Feuer nehmen, in eine Schüssel gießen und auskühlen lassen. Ab und zu umrühren.
Vor dem Servieren die Eiweiß und den Rahm separat steifschlagen und vorsichtig unter die Creme ziehen.

Südlich von Basel stehen die schönsten Kirschbäume der Schweiz. Von dort stammt das Creme-Rezept mit Kirschwasser.

Cavolatte**

Vanillecreme, wie man sie im Tessin liebt.

1/2 l Milch · 1 Vanillestange
abgeriebene Schale von 1 Zitrone oder
1 TL frische, gehackte Pfirsichblätter · 1 Lorbeerblatt
5 Eigelb · 150 Zucker · 2 EL Zucker
evtl. 1 Gläschen Pfirsichlikör

Die Milch mit der längs aufgeschlitzten Vanillestange, der Zitronenschale oder den Pfirsichblättern und dem Lorbeerblatt aufkochen. Vom Feuer nehmen. Lorbeerblatt entfernen. Das Eigelb mit dem Zucker zu einer weißlichen Creme rühren. Wenig heiße Milch auf die Eicreme geben und mit dem Schwingbesen gut vermischen. Die Eicreme zur Milch geben und unter Schlagen bis knapp vor das Kochen bringen. Vom Herd ziehen und 2 Min. weiterschlagen.
Mit Zucker bestreuen und auskühlen lassen. Vor dem Servieren nochmals gut durchrühren und evtl. mit einem Gläschen Pfirsichlikör parfümieren.

Öpfelspätzli**
Apfelspätzle

300 g Mehl · 3 Eier
2 dl Apfelsaft · 1 Prise Zimt · 2 EL Zucker
1 Apfel · 50 g Butter · 2 EL Weißbrot, gerieben
Zimtzucker (4 Teile Zucker, 1 Teil Zimt)

Das Mehl in eine Schüssel sieben. Eier mit Apfelsaft, Zimt und Zucker verrühren und mit dem Mehl und dem Salz zu einem glatten, ziemlich festen Teig verarbeiten. So lange schlagen, bis er Blasen wirft. Den Apfel schälen, fein reiben und unter den Teig ziehen.
Den Teig portionsweise vom Spätzlebrett in kochendes, leicht gesalzenes Wasser schaben oder durch ein Spätzlesieb drücken. Sobald die Spätzli an die Oberfläche steigen, mit einer Schaumkelle herausheben. Zum Warmhalten in einen zweiten, mit warmem Wasser gefüllten Topf geben. Wenn alle Spätzli gekocht sind, das geriebene Brot in der heißen Butter hellbraun rösten. Über die gut abgetropften Spätzli geben. Mit Zimtzucker bestreuen.
Nach Belieben warme Vanillesauce dazu servieren.

Mostindien nennen die übrigen Eidgenossen den Kanton Thurgau. Zum einen, weil dort die meisten Obstbäume der Schweiz stehen, zum andern, weil diese Landesgegend so weit weg von den großen Städten liegt, daß man meinen könnte, Indien beginne bereits hier.

Dörrobschtchöpfli*
Dörrobstpudding

100 g gedörrte Birnen · 100 g gedörrte Äpfel
100 g gedörrte Aprikosen · 100 g gedörrte Zwetschgen
in Streifen abgeschnittene Schale von 1 Zitrone · 1 Msp. Zimt
2 EL Aprikosen- oder Zwetschgenkonfitüre
3 EL geriebene Haselnüsse

Das Dörrobst waschen und zusammen mit der Zitronenschale und dem Zimt mindestens 12 Std. in lauwarmes Wasser einlegen.
Die Zitronenschale entfernen. Die Früchte herausheben, abtropfen lassen, fein hacken oder durch den Fleischwolf drehen oder im Cutter hacken. Mit der Konfitüre und den Haselnüssen und ganz wenig Einweichwasser zu einer saftigen, aber noch formbaren Masse vermischen. In eine mit kaltem Wasser ausgespülte Puddingform (oder in kleine Förmchen) füllen. Kurze Zeit kühlstellen, dann stürzen und Vanillecreme oder Vanillesauce dazu servieren.

Brischtner Nytlä*
Rahmdessert

12 ganze Dörrbirnen
4 dl Rotwein · 3 EL Zucker · 1 Zimtstange
1 Gewürznelke · 2 EL Birnendicksaft
3 dl Rahm

Die Birnen über Nacht in kaltes Wasser einlegen.
Rotwein, Zucker, Zimtstange, Gewürznelke und 1 dl der Einweichflüssigkeit aufkochen, die Birnen hineingeben. Ca. 40 Min. weichkochen. Die Birnen in diesem Sud erkalten lassen. Den Birnendicksaft gut unterrühren.
Die Birnen auf den steifgeschlagenen Rahm legen. Den Sirup durch ein feines Sieb gießen und separat servieren.

Ein Sonntagsdessert aus Bristen im Kanton Uri. Nytlä, Nidel oder Nidle bedeutet Rahm.

SÜESSMOSCHTWÜRFEL*
Gebackene Brotwürfel mit Apfelsaftgeschmack

250 g altbackenes Weißbrot (in Scheiben)
3 dl Süßmost · 3 Eier · 4 EL Bratbutter · 4 EL Zucker
1 TL Zimtpulver

Das Brot in ca. 4 cm große Würfel schneiden. Den Süßmost in eine weite Schale gießen. Die Brotwürfel rasch durch den Most ziehen und zum Abtropfen auf ein Kuchengitter legen. Die Würfel im verklopften Ei wenden und in der heißen Bratbutter auf allen Seiten goldgelb braten. In einem Suppenteller Zucker mit Zimtpulver mischen, die heißen Würfel darin wenden und sofort servieren.
Am besten paßt eine Süessmoschtgreeme (s. S. 183) dazu.

Nidleöpfu*
Luzerner Rahmäpfel

4 große, feste Äpfel

6 EL Zucker

1/4 l Rahm

Den Backofen auf 200° C vorheizen. Die Äpfel schälen, halbieren, vom Kerngehäuse befreien. Mit der Schnittfläche nach oben in eine Auflaufform legen und mit 4 EL Zucker dick bestreuen. In die Höhlungen des Kerngehäuses reichlich Rahm gießen, so daß ein Teil davon über die Äpfel in die Form fließt. In den Backofen schieben und nach 5 Min. mit dem restlichen Zucker bestreuen. Überbacken, bis die Äpfel goldgelb karamelisiert sind (ca. 30 Min.)
Heiß servieren.

Öpfelröschti*

4 säuerliche Äpfel, z.B. Boskop

80 g Butter · 250 g altbackenes Weißbrot

2 EL Zucker

Die Äpfel schälen, halbieren, vom Kerngehäuse befreien und in dünne Schnitze, das Brot kleinwürfelig schneiden. Die Butter in einer Bratpfanne erhitzen, Äpfel und Brot gleichzeitig dazugeben, mischen. Zugedeckt auf mittlerem Feuer ca. 10 Min. dämpfen. Den Zucker darüberstreuen, mit einer Kelle umrühren. Weitere 5 Min. auf kleinem Feuer stehen lassen, so daß die Rösti auf der Unterseite eine goldene Farbe erhält.

Einen passend großen tiefen Teller oder eine Platte mit der Innenseite nach unten darauflegen, festhalten und die Pfanne umdrehen.

Diese Rösti aus Äpfeln und Brot wird in ländlichen Gebieten als Znacht aufgetischt. Milchkaffee gehört immer dazu.

Merängge-Öpfelmues*

Meringuiertes Apfelmus

1 kg Äpfel · 1½ dl Wasser

1 EL Zitronensaft · 3 Eiweiß

100 g Zucker

Die Äpfel schälen, vierteln, entkernen und in einen Topf geben. Zugedeckt zusammen mit dem Wasser, Zitronensaft und 2 EL Zucker ca. 10 Min. köcheln lassen. Dann mit dem Schneebesen gut verrühren. In einer niedrigen, feuerfesten Form verteilen.

Die Eiweiß steifschlagen. Den restlichen Zucker eßlöffelweise zufügen und jeweils wieder steifschlagen. Die letzten zwei EL Zucker locker daruntermischen. Die feste Meringuemasse in eine Spritztüte füllen und das Apfelmus garnieren, oder die Masse auf dem Mus gleichmäßig verteilen.

Zuoberst in den auf höchste Oberhitze vorgeheizten Backofen schieben und während 3–5 Min. goldbraun überbacken. Sofort servieren.

Ankestückli*
Karamelisiertes Apfelkompott in Butter

1 kg Äpfel

120 g Zucker · 1/2 l Wasser · 60 g Butter

1 Prise Zimt

Die gewaschenen Äpfel nicht schälen, nur gerade das Kerngehäuse entfernen, und sie in 8 Schnitze teilen.
Die Hälfte des Zuckers vorsichtig rösten, bis er braun ist, sofort mit dem Wasser ablöschen und gut umrühren. Die Butter, den restlichen Zucker und den Zimt beigeben. Die Apfelstücke beigeben; zugedeckt weichkochen.

Fotzelschnitten*
Ausgebackene Brotscheiben

12 altbackene Weißbrotscheiben

1,5 dl Milch · 4 Eier · 1/2 TL Salz · 100 g Butter

Zucker · Zimtpulver

Die Brotscheiben rasch durch die Milch ziehen und auf einem Kuchengitter abtropfen lassen.
Eier und Salz verklopfen. Die Brotscheiben in der Eimasse wenden und in der heißen Butter auf beiden Seiten hellbraun backen.
Sofort auf einer Platte anrichten. In einem Schälchen separat mit Zimt vermischten Zucker reichen.
Kühles Kompott ist die übliche Beilage.

Die Landbevölkerung, aber ganz besonders die Kinder, mögen ein süßes, warmes Znacht.

Wiischnitte*
Weinschnitten

3 dl Rotwein

1 Zimtstange · 3 EL Zucker

12 altbackene Weißbrotscheiben · 6 Eier

1/2 TL Salz · 4 EL Bratbutter

Rotwein mit der Zimtstange und dem Zucker aufkochen. Ca. 10 Min. auf kleinstem Feuer ziehen lassen. Die Zimtstange restlos entfernen und die Flüssigkeit über die – am besten in einem Kuchenblech ausgelegten – Brotscheiben gießen. So lange stehen lassen, bis das Brot den Wein aufgesogen hat. Die Eier mit dem Salz gut verklopfen. Brotscheiben darin wenden und in der heißen Bratbutter golden ausbacken.
Mit warmem Apfel- oder Birnenkompott auf den Tisch bringen.

Kartäuserchlötz**

Kartäuserklöße

6 altbackene weiße Brötchen

6 dl Rotwein · 10 EL Zucker · 1/2 dl Milch · 3 Eier

100 g Butter · 1 TL Zimtpulver

Die Brötchenkruste dünn wegschneiden oder abreiben und die Brötchen vierteln. 3 dl Rotwein mit 3 EL Zucker aufkochen und vom Herd nehmen. Die Brotstücke in die lauwarme Flüssigkeit tauchen, leicht ausdrücken und auf einem Kuchengitter gut abtropfen lassen.

Die Eier mit der Milch gut verrühren, die Brotstücke darin wenden und in der heißen Butter goldgelb ausbacken. Erneut abtropfen lassen.

4 EL Zucker mit dem Zimt vermischen. Die Chlötz darin wenden.

3 dl Rotwein mit 3 EL Zucker auf- und etwas einkochen lassen und separat zu den Kartäuserchlötz servieren.

Eine Süßspeise aus der Klosterküche der Kartäuser.

Chriesiprägel*

Kirschenkompott

1 kg süße Kirschen

2 dl Rotwein · 3 EL Zucker · 1 Zimtstange

1 TL Kartoffelmehl · 1 EL Zitronensaft

3 Scheiben altbackenes Weißbrot

50 g Butter

Die Kirschen entsteinen und zusammen mit dem Wein, dem Zucker und der Zimtstange aufkochen. Topf vom Herd nehmen und ca. 5 Min. ziehen lassen. Den Saft durch ein Sieb gießen. Das Kartoffelmehl mit dem Zitronensaft verrühren, zum Kirschensaft geben, aufkochen und etwas einkochen lassen. Die Kirschen wieder dazu geben, erwärmen. Das Brot in kleine Würfel schneiden, in der heißen Butter goldgelb backen und über das Kompott streuen.

Griesschöpfli*

Grießpudding

1/2 l Milch · 1 Prise Salz
2 EL Zucker · 80 g Grieß · abgeriebene Schale von 1/2 Zitrone
abgeriebene Schale von 1/2 Orange · 2 EL Sultaninen
2 EL geriebene Haselnüsse oder Mandeln
1 dl Rahm · Himbeersirup

Die Milch aufkochen, Salz und Zucker beifügen. Den Grieß einlaufen lassen und unter ständigem Rühren zu einem dicken Brei kochen. Topf vom Herd nehmen. Zitronen- und Orangenschale, Sultaninen und Nüsse daruntermischen.
Die Masse etwas auskühlen lassen. Den geschlagenen Rahm darunterziehen.
Eine große Puddingform (oder kleine Förmchen) mit kaltem Wasser ausspülen und den Brei darin verteilen. 3–4 Std. kühlstellen.
Grießchöpfli sorgfältig stürzen und etwas Himbeersirup darübergießen.

Plattemues, Siidemues*

Eierauflauf

½ l Rahm · 5 Eier

2 EL Zucker · ½ Zitrone · 1 TL Butter

Puderzucker

Rahm, Eier, Zucker und die abgeriebene Zitronenschale gut vermischen. Eine Gratinform ausbuttern und die Masse einfüllen.
Ca. 15 Min. in den auf 170° C vorgeheizten Ofen schieben.
Die Eimasse muß fest, darf aber nicht trocken werden.
Man kann dazu Kompott reichen.

Ein köstliches Gericht aus der Platte (Form), fein wie Siide (Seide).

Rahmcaramel*

½ l Rahm · ½ dl Milch
600 g Zucker · ½ TL Vanillezucker
1 TL Butter

Alle Zutaten vermischen, bei schwacher Hitze gut rühren, bis der Zucker sich aufgelöst hat. Bei stärkerer Hitze unter Rühren weiterkochen, bis die Masse braun wird und Fäden zieht.
Ein Kuchenblech oder eine Marmorplatte mit Butter bestreichen. Die Caramelmasse daraufgießen und mit einem feuchten Teigschaber ca. ½ cm dick ausbreiten. Sofort mit einem in Öl getauchten Messer in Quadrate schneiden. Auskühlen lassen.
In einer gut verschließbaren Blechdose aufbewahren.

Zum Naschen zwischendurch (ergibt 60–70 Stück).

ANHANG

Glossar

Anke, Anken: In allen schweizerdeutschen Dialekten früher oft verwendetes Wort für Butter. Heute vor allem in Städten meist durch Butter ersetzt, häufig als der Butter bezeichnet.

Ankestückli: Vor allem in der Zentralschweiz gebräuliches Wort für Apfelkompott mit Butter.

Bappe: Brei, Mus.

Bätziwasser: Obstbranntwein.

Baumnüsse: Walnüsse.

Beiz: Restaurant jeglicher Gattung, meist im positiven Sinn gemeint.

Bettmümpfeli: Betthupferl.

Biber, Biberfladen, Biberli: Honiggebäck mit lebkuchenähnlicher Füllung. Der Ausdruck soll von der Pimpernuß abgeleitet sein.

Binätsch: Spinat (höchst selten mehr im Gebrauch).

Birewegge: Birnbrot. Mehrere Kantone und Landstriche erheben den Anspruch, das einzig wahre Birnbrot herzustellen. Reine Geschmackssache!

Bitzeli, Bitzli: Ein bißchen, ein kleiner Bissen, ein Stückchen.

Bölle: Zwiebeln (nur in den Ostschweizer Dialekten). Die Schweizer Zwiebeln unterscheiden sich geschmacklich und qualitativ in nichts von den deutschen. Die gebräuchlichsten Angebotsformen sind die Saucenzwiebel (klein, gelb oder rot), gelbe Speisezwiebel (in verschiedenen Größen als würzende Zutat oder Universalgemüse), Metzgerzwiebel (große Zwiebel, die in Großküchen und in der Nahrungsmittelindustrie Verwendung findet), rote Zwiebel (süßlich, würzig, beispielsweise für Salate), weiße Zwiebel (mild, aber schlecht haltbar); die kleine Perlzwiebel, unter dem Namen Silberzwiebel bekannt, wird häufig eingemacht.

Bouillon: Pikante Brühe jeglicher Art.

Boverli: Kaum mehr gebräuchliches Wort für grüne Erbsen (pois verts).

Bratbutter: Butterschmalz.

Cervela: Meistgegessene Wurst in der Schweiz. Die Brühwurst mit einem Fettgehalt von 26 % läßt sich geschmacklich am besten mit der deutschen Fleischwurst vergleichen. Sehr ähnliche Würste werden als Aussteller, Chlöpfer, Stumpen verkauft.

Chääs: Käse. Die wichtigsten Sorten sind der Emmentaler, der auch unter der Bezeichnung Schweizer oder Schweizer Käse bekannt ist. Der großlöcherige Käse hat den Ruf, daß er in bester, reifer Qualität nur im Ausland verkauft werde. Das stimmt. Wer im Inland keine guten Beziehungen zu einem Käsehändler hat, nimmt die schlechtere Qualität in Kauf. Gruyère oder Greyerzer, der mit den kleinen Löchern, folgt mit großem Abstand auf Platz 2 der Verkaufs- und Beliebtheitsskala. Appenzeller, Sbrinz, Tilsiter, Tête de Moine und Vacherin fribourgeois sind die nächsten Bestseller.

Chabis, Kabis: Man unterscheidet zwischen Weißkabis (Weißkohl, Weißkraut), Spitzkabis (Spitzkohl, Spitzkraut), Einschneidekabis (Sauerkraut) und Rotkabis (Rotkohl, Blaukraut).

Chäfe, Chifel, Chifu: Kefen, Zukkerschoten.

Chirschi, Chriesi, Kiirsi: Kirschen, meist Süßkirschen, werden in der Schweiz außer für den Rohverzehr vor allem für gebranntes Kirschwasser verwendet. Die besten Kirschen stammen aus den Kantonen Basel-Landschaft und Zug. Diese Reihenfolge ist rein alphabetisch, denn die beiden Kantone sind selbstverständlich davon überzeugt, daß ihre Kirschen die allerbesten sind.

Chnoblech, Chnobli: Knoblauch.

Chnöpfli: Spätzle.

Chööli: Wirsing.

Chroosle, Chruselbeeri: Stachelbeeren.

Chrutt, Chruut: Kraut, auch Spinat.

Chruttstile, Chruutstiel: Krautstiel, Rippenmangold, Stielmangold.

Chuchi: Küche.

Chrüttli, Chrüütli: Kräuter. Krause Petersilie ist das beliebteste Würzkraut in Schweizer Haushalten. Schnittlauch folgt an zweiter Stelle, danach gleich Basilikum. Bohnenkraut, Majoran, Oregano oder Thymian spielen in der Schweiz eine weitaus größere Rolle als beispielsweise Dill. Dill schmeckt den Schweizern im allgemeinen zu typisch, zu streng. Recht beliebt sind Liebstöckel (Maggikraut) und Selleriegrün.

Chüechli: Kleine Kuchen.

Chueche: Kuchen.

Chügeli: Kleine Kugeln, beispielsweise Brätchügeli.

Chüngel, Chüngeli: Kaninchen.

Chüschtig: wohlschmeckend, lecker (nur bei pikanten Gerichten).

Chüttene: Quitten. Den Quittenbaum findet man in zweitklassiger Lage bei Bauernhäusern oder in modernen Gärten. Die Früchte werden entweder gar nicht verarbeitet (am häufigsten) oder dann zu Gelée, Creme, Pudding oder Kompott. Die Frucht ist aber in der Jahrtausendwende-

Küche auf dem aufsteigenden Ast – nicht nur ihrer schönen Blüten wegen.

Comestibles: Feinkostgeschäft.

Crème de la Gruyère: Doppelrahm. Dieser dickflüssige Rahm mit einem Fettgehalt von mindestens 45 % kann nicht geschlagen werden; er ist ideal zu frischen Beeren oder in Rahmsaucen.

Flade: Bedeutet beispielsweise im Kanton St. Gallen dasselbe wie Wäie im Kanton Zürich. Dort wiederum meint der Ausdruck sowohl »harmloser Autounfall« als auch »hochalkoholisierter Zustand«.

Flädli, Flädle: In Streifen geschnittene Pfannkuchen, meist als Suppeneinlage verwendet.

Fleischvögel: Fleischrouladen.

Gäder: Fett- und Sehnenteilchen am Fleisch.

Gaffee: Kaffee.

Gigot: Lammkeule.

Gipfeli: Hörnchen, Croissants.

Gitzi: Geißlein, Zicklein. Ein Osterschmaus, dessen Ursprung im Kanton Tessin liegt.

gluschtig (aussehen): appetitlich.

gluschtig (machen): Lust bereiten oder das Wasser im Mund zusammenlaufen lassen.

Gnagi: Gepökelte Schweinshaxe, Eisbein.

Gschwellti: Pellkartoffeln.

Guetzli: Kekse, Plätzchen.

Gugelhopf, Gugelhupf: Napfkuchen.

Güggeli: Hähnchen, meist als Brathähnchen serviert; »im Chörbli« heißt, daß das Brathähnchen in einem Körbchen auf den Tisch kommt, und vor allem, daß man es von Hand essen darf.

Hamme: Schinken, gekochter Bauernschinken.

Härdöpfel, Härdöpfu: Kartoffeln. Die meistverkaufte Sorte ist Bintje. Nicola folgt, später erscheinen in der Verkaufsstatistik Agria, Désirée und Urgenta. Auch wenn das Rööschtiland Schweiz als das Kartoffelland par excellence angesehen wird: Es stimmt nicht. In der Schweiz gelten Kartoffeln soviel wie Gemüse, sind keineswegs tägliche Beilage oder gar Hauptgericht. Im Vergleich mit den Deutschen sind die Schweizer etwas mehr als halb so interessiert an Kartoffeln.

Holder, Holdere: Holunder.

Hörndli, Hörnli: Hörnchennudeln, kleine gebogene Makkaroni – die meistverkauften Teigwaren in der Schweiz.

Kafi, Käfeli: Kaffee.

Kafi Luz: Getränk aus 3 Stück Würfelzucker, ganz wenig Kaffee, etwas heißem Wasser und sehr viel Obstschnaps. Der Ausdruck stammt vom Kanton »Luzern«. In der Gegend macht und mag man diesen Kaffee, der keiner ist.

Kartoffelstock: Kartoffelpüree.

Leckerli: Kleines, rechteckiges Honiggebäck; am bekanntesten sind die Basler Leckerli.

Luganighe: Rohwurst aus dem Kanton Tessin, die aber gegart zu Polenta oder Risotto gegessen wird.

Meertrübeli: Johannisbeeren.

Merängge, Meringue, Baiser: Bei Emmentaler Gastwirten herrscht ein friedlicher Wettkampf, wer die größte Merängge mit dem meisten Schlagrahm serviert.

Metzgete: Schlachtfest im Spätherbst. Von vielen Landbeizen (und auch in städtischen Restaurants) wird die Metzgete groß in Zeitungsannoncen angekündigt. Manchmal gibt es volkstümliche Musik als Beilage im Lokal, immer aber Sauerkraut, Blut- und Leberwürste, Kesselfleisch.

Milken: Kalbsbries.

Mistchratzerli: Stubenküken.

Most: Apfel- oder/und Birnensaft, süß oder sauer (unvergoren oder vergoren).

Mostbröckli: Appenzeller Trockenfleisch, gepökelt und leicht geräuchert.

Müüslibletter: Salbeiblätter.

Mütschli, Mutschli: Kleines rundes Weißbrötchen.

Nägeli: Nelken, Gewürznelken.

Nidel, Nidle, Nytlä: Rahm, Sahne. Heute ist der Ausdruck Rahm gebräuchlicher.

Nüssli-, Nüsslersalat: Feldsalat.

Öpfel, Öpfu: Apfel.

Paniermehl: Brösel von trockenen Brötchen oder Weißbrot (Semmelbrösel).

Passevite: Küchengerät zum Passieren von Kartoffeln, Gemüse und Obst.

Peperoni: Paprikaschoten.

Peperoncini: Kleine scharfe Pfefferschoten.

Peterli: Petersilie.

Plätzli: Schnitzel.

Raffel, raffeln: Reibe, Reibeisen, reiben.

Randen: Rote Beete.

Rippli: Gepökelte und/oder geräucherte Schweinsrippe.

Ruchbrot: Am ehesten vergleichbar mit Graubrot.

Rüebli: Mohrrüben. Mit Rüebli sind eigentlich alle feinsten und feinen länglichen Rübenarten gemeint. Der Kanton Aargau, Namensgeber des Rübelichueche, heißt im Volksmund »Rüeblikanton«. Frei erfunden und so weit hergeholt wie die Behauptung, daß alle Schwaben sparsam seien.

Sauser: Junger, unvergorener Wein.

Schabziger: Kräuterkäse aus dem Kanton Glarus mit unverwechselbarem Geruch und Geschmack, für den eine Bockshornkleeart verantwortlich ist.

Schlegel: Keule (vor allem beim Lamm).

Schlumbergerli, Schlumbi: Weißbrötchen.

Schmelzbrötli: Madeleines, süßes Kleingebäck.

Schnörrli: Gepökelte Schweinsschnauze.

Schoggi: Schokolade.

Schüblig: Brühwurst aus ostschweizerischen Kantonen; auch harmloses Schimpfwort.

Schüfeli, Schüüfeli: Geräuchertes oder gepökeltes Stück von der Schweineschulter.

Schwämm, Schwümm: Pilze.

Schwingbesen: Schneebesen.

schwingen: Mit dem Schneebesen schlagen.

Semmeli: Weißbrötchen.

Siedfleisch: In Brühe gekochtes Rindfleisch.

Stotzen: Keule (vor allem beim Kalb und beim Rind).

Tääfeli, Täfeli: Bonbon.

Traiteur: Feinkostgeschäft, Feinkosthändler.

Träsch: Apfel- oder Birnenschnaps.

Trüübeli: Johannisbeeren.

Tünne, Dünne: Schaffhauserisch für Wähe.

Voressen: Ragout. Der Ausdruck Voressen stammt aus einer Zeit, als bei reichen Bauern und Stadtbewohnern die Gästemenüs viele Gänge aufwiesen. Voressen, die früher vor dem 2. Gang serviert wurden, gelten heute als Hauptgericht.

Wähe, Wäie: Blechkuchen mit süßem oder pikantem Belag.

Weggli: Milchbrötchen.

Wirz: Wirsing.

Zältli: Bonbon.

Zibele, Ziibele: Zwiebeln.

Zimis: Zwischenverpflegung am Nachmittag.

Zmittag: Mittagessen.

Zmorge: Frühstück.

Znacht: Abendessen.

Znüni: Zweites Frühstück, Imbiß am Vormittag.

Zobig: Zwischenmahlzeit am Nachmittag; auch Abendessen.

Zopf, Züpfe: Hefezopf. Kommt oft zum Sonntagsfrühstück auf den Tisch.

Zvieri: Zwischenmahlzeit am Nachmittag.

REZEPTREGISTER

Bildnachweis

Die Fotos stammen von:
Ulrich Kerth, München (S. 44, 51, 61, 66, 76, 79, 83, 86, 88, 90, 94, 98, 100, 112, 126, 133, 134, 138, 141, 150, 162, 184, 191, 199);
Schweiz Tourismus (S. 33, 121);
StockFood: Markus Auerbach (S. 108) – F. Wondrasch (S. 179).